Des rechtgeleiteten Kalifen

Ali ibn Abi Talib

EINHUNDERT SPRÜCHE
DER
WEISHEIT

Ausgelegt und mit Versen versehen

von

Raschid-ad-Din Watwat

Des rechtgeleiteten Kalifen

Ali ibn Abi Talib

EINHUNDERT SPRÜCHE
DER
WEISHEIT

Ausgelegt und mit Versen versehen

von

Raschid-ad-Din Watwat

Mit einem Anhang arabischer Sprüche.

Morgenländische Schatztruhe
1. Band.

Impressum:

© 2019 Thomas Balthes (Hrsg. u. Bearb.)

Übers. v. M. Heinrich Leberecht Fleischer, Leipz. 1837.

Herstellung und Verlag: BoD – Books on Demand, Norderstedt.

ISBN: 978-3-74946-982-6

Des rechtgeleiteten Kalifen

Ali ibn Abi Talib

EINHUNDERT SPRÜCHE DER WEISHEIT

Vorrede.

Im Namen Gottes des Allerbarmers des Barmherzigen.

DA diese Sammlung der Inbegriff seiner[1] unvergleichlichsten Redesterne und wundergleichsten Sinnesperlen ist, seine einhundert erlesenen Sprüche, von denen er einen jeden tausend anderen gleichgeachtet, eigenhändig niedergeschrieben und den Menschen zur Erinnerung hinterlassen: so habe ich in meiner Niedrigkeit, – ich der Zögling des Hauses und der Pflegling der Familie des hochthronenden Fürsten, des Herrschers und Herrschersohns, des verehrten Monarchen und Monarchensohns, des Gelehrten und Gerechten, des Kraftbegabten und Sieggekrönten, der da ist der Glanz der Welt und der Religion, die Krone des Islam und der Muslime, der Stolz der Könige und Sultane, der Pol der Herrschaft, der Ruhm der Gemeinschaft und die Zierde ihrer Glieder, das Rüstzeug des Kalifats, der Schirmvogt des Reichs, der Herr der Könige des Morgen- und Abendlandes, die Sonne der Großtaten, Sultan-Schah Abulqasim Mahmud, Sohn des Choresm-Schah[2] Il-Arslan, Enkel des Choresm-Schah Muhammad, die rechte Hand des Fürsten der Gläubigen (Gott verherrliche seine Mannen und erhöhe seine Macht!) – so habe ich es

---

[1] Ali ibn Abi Talibs, des vierten der vier rechtgeleiteten Kalifen der Muslime. Er war der Cousin des Propheten Muhammad und später, als er die jüngste Tochter des Propheten, Fatima, heiratete, auch dessen Schwiegersohn.

[2] *Choresm-Schah* war der Titel der Herrscher über das Reich Choresmien, dessen ehemaliges Gebiet in den heutigen Ländern von Usbekistan und Turkmenistan, zu suchen ist.

für Pflicht gehalten, jene einhundert Sprüche als Geschenk für seine wohlausgestattete Büchersammlung (möge er, lange Jahre lebend, sie stets in diesem Zustand erhalten und mit seinem gnädigen Besuch beehren!) in zwei Sprachen, der arabischen und persischen, zu erklären und am Ende der Erklärung jedes Spruches einen von mir selbst gedichteten und zu jenem Spruch passenden Doppelvers anzuführen, damit diese Sammlung desto allgemeineren und größeren Nutzen stifte, und beide, die Freunde der gebundenen und die der ungebundenen Rede, sie mit Vergnügen lesen mögen. Schließlich hoffe ich, daß diesem Geschenk eine geneigte Aufnahme und meiner Wenigkeit durch dieses Glück ewiger Ruhm und doppelweltliche (in dieser und in jener Welt zu genießende) Ehre zuteil werden wird. Du aber, o Gott, verleihe Beistand und Gelingen!

1. Spruch.
Würde die Decke weggezogen,
ich gewönne dadurch nicht an Gewißheit.

Arabische Erklärung: Ich bin in der Kenntnis der Dinge des anderen Lebens und der Schrecken des Gerichtstages zu einer solchen Höhe gelangt, daß, wenn die Schleier dieses Lebens vor mir hinweggezogen und die Dinge jenes Lebens mir vorgeführt würden, diese sinnliche Anschauung meine Religiosität um kein Haar, und meine Gewißheit um kein Stäubchen vermehren könnte.

Persische Erklärung: Der Fürst der Gläubigen, Ali, dem Gott gnädig sei, spricht: Was ich in dieser Welt, der Vorhalle des Innern, von den Dingen jenes Lebens, wie Auferstehung und Gericht, Belohnung und Bestrafung, Paradiesesfreuden und Höllenqual, u. dergl. kennen und glauben gelernt habe, dessen ist so viel, daß, wenn der Vorhang dieser Welt hinweggezogen wird, und ich, in jene Welt versetzt, alle jene

Dinge mit leiblichen Augen schaue, meine Gewißheit um kein Stäubchen zunehmen kann, da mein heutiges, zuverlässiges Wissen der Glaubensgegenstände ebensolche Überzeugung gewährt, wie mein morgendes unmittelbares Schauen derselben.

Verse: Wie das Paradies und die Hölle beschaffen sind, das habe ich so, wie es sich gebührt, mit Gewißheit erkannt. Würde auch der Vorhang hinweggezogen, jene Gewißheit nähme deswegen um kein Stäubchen zu.

2. Spruch.
Die Menschen schlafen;
wenn sie aber sterben, dann wachen sie auf.

Arabische Erklärung: So lange die Menschen in dieser Welt leben, sind sie sorglos; sie scheinen in einem so tiefen Schlummer zu liegen, daß sie darüber das Paradies mit seinem Wonnegenuß und die Hölle mit ihrer Flammenpein vergessen; wenn sie aber sterben, dann wachen sie vom Schlummer der Sorglosigkeit auf, und bereuen ihre Saumseligkeit im Dienst dessen, der sie geschaffen, und machen sich selbst Vorwürfe über ihre Nachlässigkeit im Dank gegen den, der ihnen alles gespendet hat; aber erst dann, wenn die Reue ihnen nichts mehr hilft, und die Selbstvorwürfe ihnen keinen Nutzen mehr bringen.

Persische Erklärung: Die Menschen sind während ihres Aufenthaltes in dieser Welt wegen der Angelegenheiten jener anderen unbekümmert; erst wenn sie sterben, wachen sie vom Schlaf der Sorglosigkeit auf, erkennen, daß sie das Leben in den Wind geschlagen haben und nicht die rechte Straße gewandelt sind, und bereuen ihre verwerflichen Reden und gottmißfälligen Handlungen; aber dann hilft und fruchtet dies nichts mehr.

Verse: Die Menschen sind wegen jenes Lebens unbekümmert; man möchte sagen, sie glichen alle Schlafenden. Wenn sie sterben, dann erst erkennen sie das Verderbliche einer (so unbegreiflichen und strafbaren) Sorglosigkeit, welcher sie sich jetzt hingeben.

3. Spruch.
Die Menschen sind ihrer Zeit ähnlicher, als ihren Vätern.

Arabische Erklärung: Die Menschen ähneln ihren Zeitgenossen, nicht ihren Vätern, und entsprechen der Weise ihrer Mitlebenden, nicht der ihrer Vorfahren; jeden daher, den die Zeit (das Glück) begünstigt, den begünstigen, jeden, den sie vernachlässigt, den vernachlässigen sie.

Persische Erklärung: Die Menschen sehen auf die Zeit und ahmen das nach, was sie tut: jeden, den die Zeit (das Glück) liebkost, den liebkosen, jeden, den sie verstößt, den verstoßen sie; nach der Weise ihrer Väter aber wandeln sie nicht, und ihren Vorfahren ahmen sie nicht nach.

Verse: Die Menschen halten nicht an der Handlungsweise ihrer Väter fest; alle folgen der ihrer Zeit. Sie sind Freunde dessen, den das Glück in seinen Schoß genommen, Feinde dessen, den es davon herabgeworfen hat.

4. Spruch.
Nie ging ein Mann zugrunde, der erkannte was er galt.
(Das Maß seiner Kräfte, seines Wissens und seiner Verdienste
weder zu gering, noch zu hoch anschlug).

Arabische Erklärung: Wer erkennt was er gilt, steht, so lange er in dieser Welt lebt, hoch erhaben auf dem Gipfel der Ehre und bekleidet mit dem Waffenrock der Unverletzlichkeit; von niemandem trifft ihn Ungemach, von keinem droht ihm Gefahr.

Persische Erklärung: Jeder der seine Stellung erkennt, seinen Fuß nicht weiter ausstreckt, als seine Decke lang ist, und sich mit nichts, was seinem Rang unangemessen und für seinen Stand unpassend ist, zu schaffen macht: der ist sein Leben lang von dem Tadel geschieden und mit der Unantastbarkeit verbunden.

Verse: Jeder der erkannte was er galt, blieb sicher vor allen Unfällen; dem Zwinger der Verblendung entronnen, wohnte er ruhig in der Behausung der Fröhlichkeit.

5. Spruch.
Jedermann gilt, was er versteht.
(Jedermanns Wert bestimmt sich nach seinen
Kenntnissen und Fertigkeiten).

Arabische Erklärung: Je höher jemandes Wissen, desto höher steht bei anderen sein Wert; je tiefer jemandes Wissen, desto tiefer steht bei anderen sein Rang und sein Ansehen.

Persische Erklärung: Die Geltung eines jeden Menschen richtet sich nach dem Maß seines Wissens: weiß er viel, so gilt er viel, weiß er wenig, so gilt er wenig.

Verse: Deine Geltung beruht auf dem Maß des Wissens, mit welchem du deinen Geist ausschmückst. Je mehr du dein Wissen erweiterst, desto höher schätzt man dich.

6. Spruch.

Wer sich selbst erkennt, der hat dadurch auch Gott erkannt.

Arabische Erklärung: Wer sich selbst als ein geschaffenes und künstlich gebildetes, aus vielfachen Teilen und veränderlichen Gliedern zusammengesetztes und zu einem Ganzen vereinigtes Wesen erkennt, der erkennt dadurch auch, daß er einen in seinem Wesen einfachen und in seinen Eigenschaften unveränderlichen Schöpfer und Bildner hat.

Persische Erklärung: Wer sich selbst betrachtet, der erkennt schon durch die natürliche Kraft des Verstandes, daß er vor diesem Sein nicht dagewesen und nun zum Sein gelangt ist; daraus aber erkennt er, daß es einen Seinsverleiher und Hervorbringer gibt; und so gelangt er von der Erkenntnis seiner selbst zur Erkenntnis seines Schöpfers.

Verse: Für das Sein Gottes des Hocherhabenen ist dein eigenes Sein der entscheidendste Beweis. Wenn du dich selbst erkennst, so erkennst du auch, daß du ein künstliches Gebilde bist und Gott der Bildner davon.

7. Spruch.

Der Mensch ist unter seiner Zunge verborgen.

Arabische Erklärung: So lange der Mensch nicht spricht, so lange bleibt der Umfang seines Verstandes und die Stufe seiner Bildung unbekannt; spricht er aber, so hebt sich der Vorhang, und man erfährt, was er recht versteht und was nicht.

Persische Erklärung: So lange jemand nicht spricht, weiß man nicht, ob er unterrichtet oder unwissend, einfältig oder verständig ist; so wie er aber gesprochen hat, lernt man den Umfang seines Verstandes und die Stufe seiner Bildung kennen.

Verse: Der Mensch ist unter seiner Zunge verborgen: so wie er spricht, lernt man ihn kennen. Spricht er gut, so nennt man ihn verständig; spricht er schlecht, so heißt man ihn unbesonnen.

8. Spruch.
Wessen Zunge süß redet, der hat Freunde in Menge.

Arabische Erklärung: Der Mensch gewinnt das Herz anderer durch freundliche Rede und reichlich spendenden Edelsinn.

Persische Erklärung: Wer anderen Gutes nachsagt und sich um ihre Fehltritte nicht bekümmert, den haben sie lieb und leben mit ihm wie Brüder.

Verse: Ist deine Zunge freundlich, so lieben dich alle Menschen wie Brüder; ist sie aber böse, so sind selbst die Leute im Haus, welche dich bedienen, deine Todfeinde.

9. Spruch.
Durch Wohltaten macht man den Freien zum Sklaven.

Arabische Erklärung: Durch Wohltaten, dem Freien (dem Ehrenmann) erzeigt, macht man sich ihn dienstbar und erwirbt ein Recht auf seine Dankbarkeit.

Persische Erklärung: Wenn jemand Freien eine Wohltat erzeigt, so werden sie ihm untertan und wandeln gegen ihn auf der Bahn der Dienstbeflissenheit und Ergebenheit.

Verse: Möchtest du, daß die Häupter der Welt gebeugten Hauptes vor dir ständen (oder auf der Erde lägen), so beweise ihnen Edelsinn; denn bewiesener Edelsinn macht den freien Edlen zum Sklaven.

10. Spruch.

Des Geizigen Schätzen verheiße Verderben, oder einen Erben.

Arabische Erklärung: Das Vermögen des Geizigen wird nicht zu guten Handlungen und wohltätigen Zwecken verwendet, und so bleibt es preisgegeben entweder einem Unfall, der es vernichtet, oder einem Erben, der es vergeudet.

Persische Erklärung: Die Güter des Geizigen gehen entweder in den Stürmen der Zeit unter, oder fallen in die Hand seines Erben, weil der Geizige es nicht über sich gewinnen kann, sein Vermögen zu genießen, oder es zu guten Zwecken und wohltätigen Handlungen anzuwenden.

Verse: Wer Vermögen besitzt, ohne es zu genießen, wie kann er davon Nutzen ziehen? Entweder gibt er es Unfällen zum Raub hin, oder er hinterläßt es seinem Erben.

11. Spruch.

Sieh nicht den an,
der gesprochen, sieh das an, was er gesprochen.

Arabische Erklärung: Wenn du jemanden sprechen hörst, so sieh nicht auf die Verhältnisse und die Persönlichkeit dessen welcher spricht, sondern auf das Lehrreiche dessen was er spricht; denn oft sagt ein Unwissender etwas Gutes, oft ein Hochgebildeter etwas Schlechtes.

Persische Erklärung: Sieh nicht darauf, ob der, welcher etwas sagt, vornehm oder gering, unterrichtet oder unwissend ist; auf das Gesagte selbst sieh: ist es gut, so merke es, ist es schlecht, so lasse es.

Verse: Warum sollte das hohe oder niedrige Ansehen des Sprechenden auf das Gesprochene Einfluß haben? Du sieh darauf, wie seine Rede beschaffen ist, nicht auf den Redenden selbst.

12. Spruch.

Ungeduld in Trübsal ist des Unglücks Vollendung.

Arabische Erklärung: Geduld in Trübsal gehört zu den Dingen, welche Belohnung, Ungeduld zu denen, welche Bestrafung in jenem Leben herbeiführen. Welches Unglück aber ist größer als das, die ewige Belohnung zu verlieren und dafür die endlose Bestrafung zu finden?

Persische Erklärung: Wen Trübsal oder Verlust betrifft, und wer dann in dieser Trübsal jammert und wehklagt, oder bei diesem Verlust lärmt und tobt, statt Geduld und Gottergebenheit zur Grundlage seines Handelns (eigentl. zum Kapital seines Geschäftes) und zur Zierde seines Lebens zu machen, der beraubt sich der ewigen Belohnung und verfällt dagegen der endlosen Bestrafung; welches Unglück aber ist größer als dieser Zustand?

Verse: In Trübsal sei nicht ungeduldig; denn Ungeduld bringt dein Leiden erst auf den höchsten Grad; – kein Leiden ist ja größer als das, von Gottes Belohnungen (in jenem Leben) ausgeschlossen zu bleiben.

13. Spruch.

Kein Glück (eigentl.
Erlangung des Gewünschten) *bei Ungerechtigkeit.*

Arabische Erklärung: Wenn jemand etwas auf dem Weg der Ungerechtigkeit sucht, so ist die Folge davon meistenteils die, daß er den Gegenstand seiner Wünsche nicht erlangt und seine Begierde unbefriedigt bleibt (eigentl. und er nicht zu jener Tränke gelangt); erlangt er ihn aber auch einmal und bekommt ihn in seine Gewalt, so hat er doch keinen Genuß davon; daher es ebenso ist, als hätte er ihn nicht erlangt.

Persische Erklärung: Wer durch Gewalttat und Frevel etwas zu erlangen sucht, der erlangt es meistenteils nicht; erlangt er es aber auch durch eine seltene Ausnahme wirklich, so zieht er doch daraus weder Genuß noch Gewinn; daher es ebenso ist, als hätte er seinen Wunsch nicht erlangt.

Verse: So oft jemand etwas auf dem Weg der Ungerechtigkeit suchte, bog das Glück von seinem Weg ab; erlangte er aber das Gewünschte, so zog er keinen Nutzen davon; folglich war diese Erlangung so gut als keine.

14. Spruch.
Kein Lob bei Hochmut.

Arabische Erklärung: Den Hochmütigen bekleiden andere weder mit den Ehrengewändern des Lobes, noch durchziehen sie zu ihm die Täler der Hoffnung (d. h. noch kommen sie von fernher mit Wünschen und Bitten zu ihm).

Persische Erklärung: Wer hochmütig ist, den lobt man weder, noch sucht man Schutz und Hilfe bei ihm.

Verse: Wenn jemand sich dem Hochmut ergeben hat, so spricht jedermann, wo Menschen versammelt sind, schonungslos von ihm; wer aber stets auf dem Weg der Demut wandelte, den lobt und preist alle Welt.

15. Spruch.
Keine Wohltätigkeit bei Geiz.

Arabische Erklärung: Der Geizige legt anderen keine Verbindlichkeiten auf; daher erfährt er auch von ihrer Seite nichts als Widerspenstigkeit.

Persische Erklärung: Man sagt dem Geizigen nichts Gutes nach und ist nicht willfährig gegen ihn, weil man keine Wohltat von ihm erhält und keinen Nutzen von ihm zieht.

Verse: Gegen einen Menschen, der sich dem Geiz ergeben bat, können andere unmöglich dienstfertig sein. Man ist dienstfertig, um Verbindlichkeiten abzutragen; der Geizige aber legt niemanden Verbindlichkeiten auf: wie hätte man also etwas gegen ihn abzutragen?

16. Spruch.
Keine Gesundheit bei Gefräßigkeit.

Arabische Erklärung: Wer wenig Nahrung zu sich nimmt, ist selten krank; wer aber viel Speise verzehrt, ist es häufig.

Persische Erklärung: Wer viel ißt, dessen Magen ist beständig überladen und sein Körper kraftlos; wer aber wenig ißt, dessen Befinden ist dem jenes ersteren gerade entgegengesetzt.

Verse: Durchaus unvereinbar sind für den Menschen Gesundheit und Vielesserei; mache es dir zur Regel, wenig zu essen, wenn dir dein Leben wirklich lieb ist.

17. Spruch.
Keine Standeshöhe bei Geistesrohheit.

Arabische Erklärung: Hohe Ehrenstufen ersteigt man nur durch feine Bildung.

Persische Erklärung: Wer ohne feine Bildung ist, der bleibt von Standeshöhe ausgeschlossen[3], und gelangt nicht zu dem Rang der Edlen, Großen, Angesehenen und Ausgezeichneten.

Verse: Wie könnte der Ungebildete, wenn er auch von hoher Abkunft ist, ein großer Herr werden? Zeige dich gebildet, um hoch zu steigen; denn Standeshöhe ist Folge der Bildung.

18. Spruch.
Keine Möglichkeit,
Unerlaubtes zu meiden, bei sündiger Begierde.

Arabische Erklärung: Hüte dich vor sündiger Begierde; denn sie stürzt den mit ihr Behafteten in Dinge, die er meiden sollte, und verleitet ihn zu Verbotenem.

Persische Erklärung: Wer von Natur den Keim sündiger Begierde in sich trägt, dem ist es nicht möglich, Unerlaubtes zu fliehen oder Verbotenes zu meiden.

Verse: Sündige Begierde zieht zu Unerlaubtem hin; wohl dem, der sich ihrer ganz entschlug! Einem, der nun edel werden will, dem geziemt es, von sündiger Begierde sich entfernt zu halten.

---

[3] Wobei hier in erster Linie von einer geistig-charakterlichen Veredlung ausgegangen wird und nicht direkt von weltlicher Macht und Ruhm; denn alle Tyrannen (und dies sind nicht nur politische) sind oft groß in der Welt, aber durch ihren niedrigen Charakter verachtenswert und klein an Geist. - Geistig edle Menschen hingegen sind stets angesehen, gleich in welcher gesellschaftlichen Position sie sich befinden.

19. Spruch.
Keine Ruhe bei Neid.

Arabische Erklärung: Der Neidische grämt sich über das, was Gott aus seiner Gnadenfülle anderen zufließen läßt. Da nun die Gnadengeschenke Gottes, die sich auf seiner Erde einfinden und seinen Menschen zufließen, einen ununterbrochenen Karawanen- und einen nie versiegenden Wolkenzug bilden: so wird dem Neidischen in seinem Leben nie wohl ums Herz und nie ein ungestörtes Vergnügen zuteil.

Persische Erklärung: Der Neidische grämt sich beständig über das Gute, das Gott der Hocherhabene anderen beschert, und bringt es nie zu einem wahren Lebensgenuß.

Verse: Bleibe fern vom Neid: so lebst du vergnügt; mit neidischem Gemüt aber ist dies niemand möglich. Willst du dich mit dem Frohsinn vermählen, so mußt du dich zuvor vom Neide scheiden.

20. Spruch.
Keine Freundschaft mit einem Streitsüchtigen.

Arabische Erklärung: Streitsucht erzeugt Feindschaft und raubt dem Leben allen Reiz.

Persische Erklärung: Wem die Streitsucht zur Gewohnheit wird, dessen Freundschaft flieht und dessen Umgang meidet man.

Verse: Ein Alberner ist, wer beständig streitet; wie aber könnte Albernheit geheilt werden! Hüte dich, so sehr du kannst, dir die Streitsucht anzugewöhnen; denn Streitsucht ist die Pest der Freundschaft.

21. Spruch.
Keine Herrschaft bei Rachsucht.

Arabische Erklärung: Dem Rachsüchtigen werden weder die Früchte der Glückseligkeit gepflückt, noch die Kleinode der Herrschaft angelegt.

Persische Erklärung: Wer ein großer Herr werden will, der muß sich des Strebens nach Befriedigung seines Grolles ganz entschlagen und die Handlungsweise des Rachsüchtigen ein für allemal aufgeben, dagegen sich, so sehr er kann, die Langmut aneignen und das Gewand der Duldung anziehen.

Verse: Ungestüme Rachsucht beraubt den Menschen des Glückes der Herrschaft. Halte dich abseits vom Weg der Rachsucht, damit du nicht vom Schmuck der Herrschaft entblößt dastehst.

22. Spruch.
Kein Besuch bei Unfreundlichkeit.

Arabische Erklärung: Wenn man seinen Freund besucht, so muß man im Betragen artig und im Reden fein und höflich sein; denn wenn der Besuchende unfreundlich ist, so ist sein Besuch kein Besuch, sondern eines brüllenden Löwen Einbruch.

Persische Erklärung: Wer jemanden besucht, muß während des Besuches artig im Betragen und freundlich von Gesicht sein; denn benimmt er sich während dieser Zeit unartig, und weicht er in Worten und Handlungen von den Regeln der feinen Lebensart ab, so wird er finden, daß der Besuch dadurch Wert und Wirkung verloren hat.

Verse: Wenn du einen lieben Freund besuchst, so laß dein Gesicht freundlich, freundlicher noch dein Betragen sein; denn benimmst du dich dabei unartig, so wird der Besuch dadurch zu Dampf und Dunst (d. h. nichtig und wirkungslos).

23. Spruch.
Eine Sache recht machen und
andere nicht um Rat fragen, sind zwei unverträgliche Dinge.

Arabische Erklärung: Sich in seinen Angelegenheiten bei anderen Rat holen, das führt zum Rechten und Guten, das leitet zu Heil und Gelingen.

Persische Erklärung: Bei allen Geschäften muß man sich mit Verständigen beraten und mit Unterrichteten besprechen; denn Beratung mit anderen leitet den Menschen zum Rechten und bewahrt ihn vor Fehlern.

Verse: Beratung wird zur Führerin auf dem Weg des Rechten; zu jedem Geschäft gebührt sich Beratung. Das Werk dessen, der sich nicht Rates erholt, – eine Seltenheit ist's, wenn es gelingt.

24. Spruch.
Kein Edelsinn bei einem Lügner.

Arabische Erklärung: Wem die Wahrheit im Reden fehlt, dem fehlt auch die Güte im Handeln; und so ist er der Vorzüge des Edelsinns ledig und von den Gewändern der Hochherzigkeit entblößt. Daher der Ausspruch: *Wahrhaftigkeit ist die Mutter der Tugenden, Lügenhaftigkeit die der Laster.*

Persische Erklärung: Wem die Wahrheit im Reden fehlt, dem fehlt auch die Güte im Handeln; ein solcher aber ist edler Gesinnung ledig und von Hochherzigkeit entblößt.

Verse. Wer mit Lug und Trug umgeht, wie kann der im Glanz des Edelsinns strahlen?

Schließt er einen Vertrag, so ist's Betrug; gibt er ein Versprechen, so ist's Lüge.

25. Spruch.
Keine Treue bei einem Launischen.

Arabische Erklärung: Wenn jemand launisch ist, so kann man auf keinen Vertrag mit ihm bauen, auf kein Versprechen von ihm rechnen; denn wird er des Vertrages überdrüssig, so übertritt er ihn, wird das Versprechen ihm lästig, so bricht er es.

Persische Erklärung: Schließt ein Launischer einen Vertrag, bewirbt er sich um jemandes Freundschaft, so ist darauf keineswegs zu bauen; denn überwältigt ihn Sultan Überdruß und Satan Ungeduld, so bricht er ebenso den Vertrag, wie er die Freundschaft fälscht.

Verse: Verlange nicht Treue von einem Launischen; unvereinbar sind Launenhaftigkeit und Treue. Schließt er auch einen Vertrag, – sobald er dessen überdrüssig ist, bricht er ihn mit roher Hand.

26. Spruch.
Keine höhere Ehre, als gottesfürchtig zu sein.

Arabische Erklärung: Wer gottesfürchtig ist, der ist bei Gott geehrt und bei den Menschen hochgeachtet. *Wer von euch Gott am meisten fürchtet, ist der, welchen er am meisten ehrt.*[4] Der Spruch hat aber noch eine andere Bedeutung, nämlich: Die Ehre des Menschen ist doppelter Art: die erste besteht darin, daß er anderen nichts Böses zufügt, die zweite darin, daß er sie an seinen Gütern teilnehmen läßt; – jene heißt Gottesfurcht und Unbescholtenheit, diese Milde und Wohltätigkeit; die erste aber steht höher als die zweite, weil sie größeren und allgemeineren Nutzen stiftet. Deswegen ermahnten auch die Propheten, welche Gott segne, so oft dazu, Unbill von den Menschen entfernt zu halten.

Persische Erklärung: Wer sich vor Bösem hütet, der ist bei Gott dem Hocherhabenen geehrt. – Man kann diesem Spruch aber auch noch einen anderen Sinn geben, nämlich folgenden: Die Ehre des Menschen ist doppelter Art: die erste besteht darin, daß er andere nie fürchten läßt, Böses von ihm zu erleiden, – dies ist Gottesfurcht; die zweite darin, daß er sie an seinen Gütern teilnehmen läßt, – dies ist Wohltätigkeit; die Gottesfurcht aber steht höher als die Wohltätigkeit, deswegen weil ihr Nutzen größer und umfassender ist.

Verse: Bist du ein Ehrenmann, so wandle den Weg der Gottesfurcht; denn Gottesfurcht ist aller Ehre Hauptstück. Kein Geld auf unerlaubte Weise zu nehmen, ist besser als es mit vollen Händen auszustreuen.

27. Spruch.
Keine höhere Würde als die, ein Muslim zu sein.

Arabische Erklärung: Der Muslim ist hochgeehrt bei Gott, sei er auch noch so dürftig; der Ungläubige ist gering vor Gott, sei er auch noch so begütert. Welche Würde aber ist höher als jene ewige Ehre, und vorzüglicher als jene unvergängliche Auszeichnung?

---

[4] Sura 49, 13.

Persische Erklärung: Wer ein Muslim geworden ist, der hat damit ewige Ehre und doppelweltliche Würde erlangt; die Verständigen aber wissen, daß unvergängliche Ehre und ewige Würde besser ist als vergängliches Besitztum und hinfälliges Vermögen.

Verse: O du in der Erniedrigung des Unglaubens Zurückgebliebener, du selbst hast dich der Ehre, ein Muslim zu sein, entäußert. Verlangst du nach hoher Würde, so werde ein Muslim; denn es gibt keine Würde wie die, ein Muslim zu sein.

28. Spruch.
Keine bessere Feste als die Frömmigkeit.

Arabische Erklärung: Die Frömmigkeit ist für den Menschen eine wohlverwahrte Feste und Zuflucht, ein trefflicher Schutz- und Sicherheitsort.

Persische Erklärung: Wer sich vor den Unfällen dieser und den Gefahren jener Welt sicherstellen will, der muß seine Zuflucht zur Frömmigkeit nehmen; denn durch ihre segensreichen Wirkungen wird er weder in seinen zeitlichen, noch in seinen ewigen Angelegenheiten Schaden leiden.

Verse: O du, zu schwach das Heer der Übel abzuwehren, und von Mitkämpfern verlassen, fliehe in die Freistätte der Frömmigkeit; denn es gibt keine bessere Freistätte als diese.

29. Spruch.
Kein wirksamerer Fürsprecher als die Bekehrung.

Arabische Erklärung: Wer sich festhält an dem Seil der Bekehrung und der Bitte um Entschuldigung, sich festklammert an dem Saum der Reue und des Flehens um Vergebung, der dann, nachdem dies geschehen, mit Andacht seine Wünsche vor den Thron der göttlichen Majestät bringt und seine Anliegen ihr vorträgt: dessen Wünsche gehen, wenn auch noch so zahlreich, durch den segensreichen Einfluß dieses Verfahrens in Erfüllung, und seine Anliegen finden, wenn auch noch so groß, vollständige Erhörung. Der Spruch verträgt aber auch noch einen anderen Sinn, nämlich folgenden: Wenn der Mensch eine Sünde begeht, welche Ahndung fordert und Bestrafung verdient, so gibt es für ihn keine Rettung aus den Klauen des bevorstehenden Unheils und aus den Krallen der ihm drohenden Gefahr, als entweder durch Fürbitte, oder durch Bekehrung. Nun ist es aber möglich, daß zu vieles Fürbitten den Grimm des Herrn erregt und die Zornesflamme des Allgütigen anschürt, so daß der Sünder ebendeswegen des kühlenden Anhauches der Vergebung, – deren Kristallquell so einladend, deren Schattendach so lieblich ist, – verlustig geht. Aber vollkommene Selbstdemütigung, wobei man seine Schuld eingesteht und Bußfertigkeit an den Tag legt, wird von jedermann gern gesehen und stimmt alle Herzen zur Milde. Folglich gewährt die Bekehrung größere Vorteile als die Fürbitte, und sichert mehr als diese vor dem Unglück, Strafe zu leiden.

Persische Erklärung: Wer sich von der Sünde bekehrt, und dann Gott dem Hocherhabenen einen Wunsch vorträgt, dem gewährt Gott infolge des segensreichen Einflusses seiner Bekehrung das Gewünschte; und so ist denn weder in zeitlichen, noch in ewigen Angelegenheiten, weder in diesem, noch in jenem Leben, ein tüchtigerer und besserer Fürsprecher zu finden, als die Bekehrung. – Man kann diesem Spruch aber noch einen anderen Sinn geben, nämlich folgenden: Wenn ein

Niederer einen Fehler begeht, und der Höhere auf ihn zornig wird, dann aber jener Niedere Buße tut, sich an das Seil des Bittens um Entschuldigung und an den Saum des Flehens um Vergebung festklammert, sich beugt und demütigt: so ist er sicherer, durch dieses Verfahren den Höheren zu versöhnen, als wenn er sich an andere wendet, Fürbitter anstellt, und es so einrichtet, daß man den Höheren von allen Seiten her (mit Bitten für ihn) bestürmt.

Verse: O du, der du unendliche Sünde begangen hast, fürchtest du nicht die Folgen dieser schmählichen Handlungsweise? Bekehre dich, um Gott zu versöhnen; denn es gibt keinen besseren Fürsprecher als die Bekehrung.

30. Spruch.
Kein schöneres Kleid als das des Wohlbefindens.

Arabische Erklärung: Das Wohlbefinden ist für den Menschen der lauterste Trank den er schlürfen, das herrlichste Gewand das er tragen kann.

Persische Erklärung: Wenn der Mensch einmal den Becher der Gesundheit getrunken und das Gewand des Wohlbefindens angezogen hat, so mag er zufrieden sein und nicht nach mehrerem verlangen, damit er nicht durch wüste Begierde und ungemessenes Streben beides wieder verliere.

Verse: Wenn der Mensch seinen Verstand wirklich gebraucht, so muß er auch einsehen, daß es kein besseres Gewand gibt, als das des Wohlbefindens. Ist er damit noch nicht völlig zufrieden, so gibt es für ihn kein anderes Gewand mehr, als das der Reue.

31. Spruch.
Keine unheilbarere Krankheit als Geistesbeschränktheit.

Arabische Erklärung: Für die Krankheit der Geistesbeschränktheit gibt es keine Heilung, für ihr Dunkel keine Erhellung, für ihre Blindheit keine Zerteilung.

Persische Erklärung: Wessen Geist die Beschränktheit von der Natur eingepflanzt und wessen Innerem die Ungelehrigkeit angeboren wurde, bei dem hilft keines Verständigen Rat und keines Gebildeten Ermahnung; nie läßt er den Saum seiner Beschränktheit, nie den Ärmel seines Irrtums aus den Händen.

Verse: Geistesbildung ist eine schöne, wertvolle Perle, Geistesbeschränktheit eine schlimme, unheilbare Krankheit. Aus dieser entspringt für die Seele nur Elend, aus jener nur Glückseligkeit.

32. Spruch.
Keine schwerere Krankheit als Unverstand.

Arabische Erklärung: Unverstand ist eines der schlimmsten Übel, eine der schwersten Krankheiten. Man sagte einst zu jemanden: *Wie es doch dem Verstandlosen behaglich ist! – Nein,* war die Antwort, *sagt vielmehr: er gleicht dem Örtchen, wo es einem jeden behaglich ist.*

Persische Erklärung: Keine Krankheit ist schwerer als Unverstand; denn der wirklich Gesunde ist derjenige, von welchem rechte Handlungen und wohlberechnete Taten ausgehen; da nun aber kein Unverständiger ein Mann dieser Art ist, so ist auch kein Unverständiger wirklich gesund.

Verse: O du, der du Tag und Nacht damit beschäftigt bist, deinen Körper und deine Lebenskraft durch sorgfältige Pflege zu stärken, arbeite lieber an der Stärkung deines Verstandes; denn es gibt keine so gefährliche Krankheit wie Unverstand.

33. Spruch.
Deine Zunge fordert das von dir, woran du sie gewöhnt hast.

Arabische Erklärung: Gewöhne deine Zunge an die feinsten und allerbesten Reden; denn wenn du sie an Schlechtes gewöhnst, so bist du nicht sicher davor, daß ihr wider deinen Willen ein schlimmes Wort entfahre, welches deinen Lebensbecher trüben, ja deinen Kopf zu Fall bringen könnte.

Persische Erklärung: Die Zunge muß man an Gutes, nicht an Schlechtes gewöhnen; denn leicht kann es geschehen, daß durch den Zug der Gewohnheit an einem unpassenden Ort von dem Schlechten, woran die Zunge gewöhnt worden ist, ein Wort über dieselbe tritt, welches ihrem Herrn Schaden bringt.

Verse: Gewöhne deine Zunge an Gutes; denn woran man die Zunge gewöhnt, das tritt auf sie (d. h. bietet sich ihr von selbst zum Aussprechen dar). Wenn du sie an Schlechtes gewöhnst, so macht sie dich einmal vor den Leuten zum Schwarzgesicht (d. h. bringt dich um Ehre und guten Ruf).

34. Spruch.
Der Mensch ist der Feind dessen was er nicht versteht.

Arabische Erklärung: Wenn jemand eine Wissenschaft nicht versteht, so schmälert er ihr Ansehen und lästert ihre Verdienstlichkeit, bekrittelt ihre Lehrer und befeindet ihre Kenner.

Persische Erklärung: Wer eine Wissenschaft nicht versteht, zieht beständig gegen dieselbe los, und verleumdet und bekrittelt ihre Kenner.

Verse: Die Menschen sind Feinde einer Wissenschaft, die sie infolge ihrer mangelhaften Bildung nicht verstehen. Wenn die Wissenschaft auch die reinste Rechtgläubigkeit ist, – verstehen sie dieselbe nicht, so heißt sie ihnen Unglauben.

35. Spruch.
Gottes Gnade über den, der da weiß,
was er gilt, und seinen Kreis nie überschreitet.

Arabische Erklärung: Möge Gott dem gnädig sein, der erkennt, daß er aus Erdenstaub, nicht aus Himmelsquell, daß er aus irdischer Lymphe, nicht aus des Paradieses Brunnen entstanden, der daher gegen seine Mitmenschen nie übermütig, gegen seine Brüder nie gewalttätig ist.

Persische Erklärung: Die Menschen müssen sich so betragen, daß sie, mit richtiger Erkennung ihrer Geltung, ihren Bereich nicht überschreiten, damit sie ebensowohl von dem Schöpfer Gnade, als von ihren Mitgeschöpfen Lob erlangen.

Verse: Die göttliche Gnade walte über dem, welcher den Zügel seines Handelns nicht in die Hand toller Vermessenheit legt, seine Grenzen anerkennt, und diese dann nie überschreitet.

36. Spruch.
Wiederholte Abbitte ist Erinnerung an das Vergehen.

Arabische Erklärung: Wenn du dich in etwas vergangen hast, so tue deshalb nur einmal Abbitte und sprich dafür nicht mehrmals Verzeihung an; denn wiederholt Abbitte tun, erinnert an die früheren Vergehungen und befestigt das Andenken an die begangenen Fehler.

Persische Erklärung: Wenn man wegen eines Vergehens einmal Abbitte getan hat, so muß man nicht noch einmal darauf zurückkommen; denn Auffrischung der Abbitte ist Auffrischung des Vergehens.

Verse: Bitte wegen eines Vergehens nur einmal um Verzeihung; denn durch zweimaliges Bitten geschieht deiner persönlichen Würde Schaden. Auf eine schon angebrachte Entschuldigung zurückkommen, heißt sein Vergehen auffrischen.

37. Spruch.
Zurechtweisung vor mehreren ist Schmähung.

Arabische Erklärung: Wer seinen Freund vor mehreren anderen zurechtweist, der zerreißt dessen Vorhang und veröffentlicht dessen Geheimnis (d. h. der verunehrt ihn durch Veröffentlichung seiner geheimen Schwächen).

Persische Erklärung: Wer einen Freund zurechtweist, der tue dies unter vier Augen; denn Zurechtweisung vor anderen ist Beschimpfung.

Verse: Wenn du jemanden zurechtweist, so tue dies insgeheim; denn nur das ist die rechte Art der Zurechtweisung. Jede Zurechtweisung vor mehreren ist nichts anderes als Beschimpfung.

38. Spruch.
Bei reifem Verstand ist des Redens wenig.

Arabische Erklärung: Wenn der Verstand des Menschen gereift ist, so spricht er nur so viel als nötig, und läßt sich nicht auf albernes Schwatzen und rechthaberisches Streiten ein.

Persische Erklärung: Wessen Verstand gereift ist, der spricht in Gesellschaft nichts Unnützes, und wahrt seine Zunge vor schädlicher Rede.

Verse: Der Dürftigste an Verstandeskapital ist allemal der Reichste an unnützer Rede. So wie des Menschen Verstand zunimmt, wird seines Redens in Gesellschaft weniger.

39. Spruch.
Der Fürbitter ist der Flügel des Wünschenden.

Arabische Erklärung: Wer etwas wünscht, gelangt durch Vermittlung eines Fürbitters zum Gegenstand seines Wollens und Wünschens, wie der Vogel vermittelst des Flügels an den Ort gelangt, wo er Speise und Trank findet.

Persische Erklärung: Wenn jemand ein Anliegen bei einem großen Herrn anzubringen hat und dieses nicht selbst mündlich vortragen kann, so hält er sich an den Saum eines Fürbitters (d. h. bedient sich seiner als Vermittlers) und erlangt durch dessen Verwendung die Gewährung seiner Bitte, so wie der Vogel mit Hilfe des Flügels zu seiner Speise und seinem Trank gelangt.

Verse: O du, der du etwas zu erlangen wünschst, reiße die Hoffnungslosigkeit mit der Wurzel aus deinem Herzen, und, um von gebietenden Herren deines Wunsches Gewährung zu erlangen, halte dich an den Saum eines Fürbitters.

40. Spruch.
Heuchelei ist Selbsterniedrigung.

Arabische Erklärung: Der Heuchler wird von Gott und Menschen geringgeschätzt und verachtet.

Persische Erklärung: Wer Heuchelei übt und sein Äußeres nicht mit seinem Innern in Übereinstimmung bringt, der wird von Gott dem Hocherhabenen und von den Menschen geringgeschätzt und verachtet.

Verse: O du, der du Heuchelei im Herzen trägst, möchte dir ein spitzer Splitter in die Kehle fahren! Wer sich der Heuchelei ergibt, macht sich vor Gott und Menschen verächtlich.

41. Spruch.
Das Glück des Unwissenden
ist wie eine Aue auf einer Düngerstätte.

Arabische Erklärung: Das Glück dessen, der keine Bildung, keine Spur von Gelehrsamkeit besitzt, ist wie eine Aue auf einer Düngerstätte, d. h. ganz am unrechten Ort.

Persische Erklärung: Ein Unwissender ist kein Mann, der für Glück und hohes Ansehen paßte, und wenn er das eine oder andere erlangt, so steht es ihm nicht wohl an, ebenso wie eine Aue auf einer Düngerstätte sich nicht wohl ausnimmt und niemandem gefällt.

Verse: O du, der du ausgebildete Talente, aber kein Vermögen hast, erhebe keine Klage gegen deinen Schöpfer; wünsche dir nicht Glück mit Unwissenheit gepaart, – denn das ist eine Aue mitten auf einer Düngerstätte.

42. Spruch.
Ungeduld ist beschwerlicher als Geduld.

Arabische Erklärung: Ungeduld ist beschwerlicher als Geduld, Unruhe mühevoller als Gelassenheit.

Persische Erklärung: Ungeduldig sein, wenn Unglück und Widerwärtigkeiten eintreten, ist mühevoller und peinlicher als Geduld, Ruhe und Gelassenheit.

Verse: Bei Unglücksfällen befleißige dich der Geduld; denn Geduld ist Gott wohlgefällig. Gib dich nicht der Ungeduld hin; denn Ungeduld ist hundertmal qualvoller als Geduld.

43. Spruch.
Wer gebeten wird, ist ein freier Mann, bis er verspricht.

Arabische Erklärung: So lange der, welcher um etwas gebeten wird, nicht verspricht, hat er die Wahl, ob er verweigern oder gewähren, und ob er dies letztere schnell oder langsam tun will; verspricht er aber, so wird die Erfüllung des Versprechens für ihn zu einer Ehrenschuld, zu einer Gewissenspflicht.

Persische Erklärung: So lange jemand, der um etwas gebeten worden ist, noch kein Versprechen gegeben und sein Wort noch nicht verpfändet hat, ist er frei, – das Lenkseil der Selbstbestimmung und der Zügel der Entscheidung ruhen noch in seiner Hand; will er es tun, so tut er es, will er es lassen, so läßt er es; sowie er aber ein Versprechen gegeben und sein Wort verpfändet hat, ist er von der Notwendigkeit, das Versprechen zu halten, gebunden, – das Lenkseil der Entscheidung und der Zügel der Selbstbestimmung sind nach den Gesetzen der Ehre seiner Hand entschlüpft. – Man kann diesem Spruch aber auch noch einen anderen Sinn geben, nämlich folgenden: Solange jemand, der um etwas gebeten worden ist, noch kein Versprechen gegeben und sein Wort noch nicht verpfändet hat, erkennt ihn der Bittende für einen freien Mann (Ehrenmann) und nennt ihn so; sowie er aber ein Versprechen gegeben und sein Wort verpfändet hat, steht der Bittende mit der Entscheidung über die Wahrheit jenes Urteils an, läßt sie als ungewiß dahingestellt und wartet; erfüllt jener sein Versprechen, so sagt er: es ist ein freier Mann; im entgegengesetzten Fall: es ist kein freier Mann.

Verse: Wenn jemand, um etwas gebeten, ein Versprechen gibt, so versetzt er sich dadurch auf den Standpunkt der Bezweiflung (d. h. in eine Lage, wo andere das Recht haben mit dem Urteil über seine Denk- und Handlungsweise zurückhaltend zu sein); ein Ehrenmann ist er dann, wenn er den Weg der Treue wandelt, – das Gegenteil, wenn er den entgegengesetzten Weg einschlägt.

44. Spruch.
Der furchtbarste Feind ist der
von euch, welcher seine Anschläge am besten verbirgt.

Arabische Erklärung: Der furchtbarste Feind ist der, welcher seine feindlichen Anschläge und verderblichen Fangnetze verdeckt, seine arglistigen Hinterhalte und ränkevollen Fallstricke versteckt.

Persische Erklärung: Wer im Innern Feindschaft birgt und im Äußeren Freundschaft zeigt, der ist der Feinde schlimmster.

Verse: Bedenke, daß du die gegen deinen Feind nötige Vorsicht gegen den zu beobachten hast, der dir äußerlich Wohlwollen beweist. Gegen einen offenen Feind ist Vorsicht möglich, unmöglich gegen einen heimlichen.

45. Spruch.
Wer nach dem strebt, was ihn nichts angeht, dem entgeht das, was ihn etwas angeht.

Arabische Erklärung: Wer nach dem strebt, was ihn nichts angeht, dem entgeht das, was ihm in wichtigen Angelegenheiten nützlich sein und ihn vor Unfällen bewahren könnte.[5]

Verse: Wie sollte sich jemand im geringsten zu dem Streben nach dem hinneigen, was ihm unnütz ist? Es kann dann nicht fehlen, daß ihm das entgeht, was ihm nützlich, sein könnte.

46. Spruch.
Wer Verleumdung anhört, ist der zweite Verleumder.

Arabische Erklärung: Wer Verleumdung anhört, teilt mit dem Verleumder die zeitlichen und ewigen Strafen und Übel welche er verdient.

Persische Erklärung: Wer Schmähung gegen einen Abwesenden anhört und sie sich gefallen läßt, den Schmähenden nicht mit strafenden Worten zurechtweist und der Schmähung keine Rechtfertigung entgegenstellt: der ist der zweite von den beiden Verleumdern und teilt hinsichtlich des Tadels in dieser und der Bestrafung in jener Welt das Los des ersten.

Verse: Zeige dich so wenig als möglich Äußerungen zum Nachteil eines Abwesenden, geneigt, mögen sie ernstlich gemeint, oder nur aus heiterer Laune hervorgegangen sein; wer dergleichen Äußerungen anhört, stellt sich dem gleich, der sie tut.

---

[5] Die persische Erklärung fehlt bei diesem Spruch.

47. Spruch.
Erniedrigung begleitet die Habsucht.

Arabische Erklärung: Der Habsüchtige wird erniedrigt, der Genügsame erhöht.

Persische Erklärung: Wenn jemand in selbstsüchtiger Absicht anderen entgegenhandelt und diese seine Handlungsweise jenen bekannt wird, so behandeln sie ihn als Feind und sehen ihn mit Verachtung an; nie erlangt er bei irgend jemandem Ehre und Ansehen.

Verse: Wer nach den Gütern anderer gierig ist, dessen Körper und Seele ist in steter Pein und Unruhe. Strebe so wenig als möglich mit Gier nach irgend etwas; denn alles, was den Menschen peinigt, ist in der Gier enthalten.

48. Spruch.
Ruhe begleitet die Hoffnungslosigkeit.

Arabische Erklärung: Wer sich an die Säume der Hoffnungslosigkeit hält, und seine auf die Güter anderer gerichteten Hoffnungen davon abzieht (d. h. nichts mehr davon zu erlangen hofft), der lebt in einem von keinem Kummer getrübten Seelenfrieden, und in einer von keiner Beschwerde unterbrochenen Ruhe.

Persische Erklärung: Wer auf nichts von den Gütern anderer hofft und in dieser Welt nicht nach Glanz und Pracht verlangt, der genießt beständige Ruhe und verlebt seine Tage in Frieden.

Verse: Solange du dein Herz an die Hoffnung hängst, wird es stets von Sorgen aller Art gepeinigt; sowie du aber nichts mehr vom Glück erhoffst, wird dir Ruhe und Behaglichkeit jeder Art zuteil.

49. Spruch.
Getäuschte Hoffnung begleitet die Begierde.

Arabische Erklärung: Jeder Gierige und Habsüchtige geht leer aus und bereitet sich überdies schlechten Ruf.

Persische Erklärung: Je brennender jemandes Begierde nach etwas ist, desto mehr wird er in seinen Hoffnungen getäuscht und desto weniger des Gewünschten teilhaftig.

Verse: O du, dessen Körper und Seele Tag und Nacht durch gieriges Verlangen gepeinigt und wundgeätzt wird, entferne dich vom Weg der Gier; denn wo die meiste Gier, da gibt es auch die meisten getäuschten Hoffnungen.

50. Spruch.
Der Spaßmacher zieht
sich unfehlbar Groll und Geringschätzung zu.

Arabische Erklärung: Wer sich an das Spaßmachen gewöhnt, der zieht sich den Groll der Hohen und die Geringschätzung der Niederen zu.

Persische Erklärung: Wer zu viel Spaß macht, gegen den hegen die Hohen immer Groll, und die Niederen lassen ihn ihre Geringschätzung fühlen; nie kann er dem Groll jener und der Geringschätzung dieser entgehen.

Verse: Wer sich an das Spaßmachen gewöhnt, der wird, wenn er ein Fürst ist, ein Wächter (d. h. sinkt zum Pöbel herab). In aller Augen wiegt er leicht (d. h. allen ist er verächtlich), auf aller Brust lastet er schwer (d. h. allen ist er lästig).

51. Spruch.
Der Sklave seiner Begierde
ist niedriger als der Sklave seines Herrn.

Arabische Erklärung: Den gekauften Sklaven erhebt bisweilen sein Herr, bringt bisweilen sein Käufer zu Ehren; der Sklave seiner Begierde hingegen ist immerdar in aller Augen niedrig und verachtet, in aller Herzen verschmäht und geringgeschätzt.

Persische Erklärung: Wer in den Banden der Begierde liegt, ist geringer als der, welcher in Knechtschaft lebt; denn bisweilen gewinnt ein gekaufter Sklave seines Herrn Liebe und wird von ihm erhoben; aber nimmer und niemals wird jemand, der in den Banden der Begierde liegt, von irgendeinem anderen geliebt und hochgeachtet.

Verse: Wer zum Sklaven der Begierde wird, ist ein Mensch von gemeiner Seele und verächtlicher Sinnesart. Der Sklave der Begierden übertrifft an Niedrigkeit noch den für Geld gekauften Sklaven.

52. Spruch.
Der Neidische zürnt auf Schuldlose.

Arabische Erklärung: Der Neidische zürnt auf Leute, die keine Missetat begangen und kein Unrecht verschuldet haben; er zürnt auf den, welchen er beneidet, bloß wegen Gütern, die Gott ihm hat zukommen, wegen Wohltaten, die Gott ihm hat zufließen lassen.

Persische Erklärung: Wenn der Neidische jemanden im Besitz eines Gutes sieht, so möchte er lieber, daß er es besäße, jener es entbehrte; deswegen zürnt er auf ihn, feindet ihn an, und ist stets bemüht, sein Glück zu untergraben, ohne daß jener eine Missetat begangen oder ein Unrecht verschuldet hätte.

Verse: Der Neidische zürnt auf einen Menschen, der nichts verschuldet hat; er kann anderer Glück nicht sehen und ärgert sich über Gottes Wohltätigkeit.

53. Spruch.
Die Überwältigung legt
hinlängliche Fürbitte ein für den Schuldigen.

Arabische Erklärung: Wenn du den, der sich gegen dich vergangen hat, in deine Gewalt bekommst, so laß die Fürbitte, welche eben dieses dein Glück für ihn einlegt, dir zu Herzen gehen und vergib ihm; denn Vergebung ist das Schönste, was du im Leben tun kannst.

Persische Erklärung: Für den Schuldigen legt eben das Glück, welches ihn in deine Gewalt gegeben, hinlängliche Fürbitte ein; hast du ihn in deine Hände bekommen, so suche es über dich zu gewinnen, ihm zu vergeben, und bedecke ihn mit dem Mantel der Verzeihung.

Verse: Hast du den Schuldigen in deine Gewalt bekommen, so vergib ihm; denn niemand ist ja ohne Schuld.

54. Spruch.
Gar mancher bemüht sich um Schädliches.

Arabische Erklärung: Gar mancher Mensch bemüht sich um Dinge, die ihm selbst zum Leid, seinen Feinden zur Freude gereichen.

Persische Erklärung: Wer sich um etwas bemüht, zieht nicht notwendig Nutzen davon; denn oft ist es der Fall, daß er nach aller seiner Bemühung zuletzt Schaden davon hat.

Verse: Gar manchen gibt es, der nach einer Sache strebt, welche ihm zuletzt verunglückt, wodurch er seinen Freunden Kummer, seinen Neidern Freude bereitet.

55. Spruch.
Verlaß dich nicht auf Wünsche;
denn sie sind die Kapitale der Einfältigen.

Arabische Erklärung: Baue nicht auf Gelüste und verlaß dich nicht auf Wünsche; denn nicht jedes Liebchen erlangt man, nicht jeden Wunsch erreicht man; sondern bedenke, daß auf Gelüste zu bauen und sich auf Wünsche zu verlassen, ein Charakterzug der Albernen und eine Eigenheit der Einfältigen ist.

Persische Erklärung: Auf Wünsche darf man sich nicht verlassen und auf Antrieb derselben sich nicht in Gefahren stürzen; denn nicht alles, was man wünscht, bekommt man, nicht die Schlüssel zu allem Begehrten erlangt man; sondern bedenken muß man, daß sich auf Wünsche zu verlassen, die Handlungsweise der Einfältigen und das Kapital der Beschränkten ist. – Man kann diesem Spruch aber auch noch einen anderen Sinn geben, nämlich folgenden: Auf bloße Wünsche kann man sich nicht verlassen, sondern man muß sich auch anstrengen, das Gewünschte zu erlangen, und sich's keine Mühe verdrießen lassen, bis man es erreicht.

Verse: Verlaß dich nicht auf Wünsche; denn nicht alles was du wünschst, wird dir von Gott gewährt; wer sich auf Wünsche verläßt, ist in den Augen der Verständigen ein Tor.

56. Spruch.

Die Hoffnungslosigkeit
ist eine Freie, die Hoffnung eine Sklavin.

Arabische Erklärung: Wer seine Hoffnungen von den Menschen abzieht, der tritt aus dem erniedrigenden Dienstverhältnis zu ihnen heraus und entrinnt der fesselnden Abhängigkeit von ihnen; das aber ist Freiheit; – wer hingegen seine Hoffnungen auf die Menschen setzt, der gerät für immer in ein erniedrigendes Dienstverhältnis zu ihnen und kommt in fesselnde Abhängigkeit von ihnen; das aber ist Sklaverei.

Persische Erklärung: Wer die Hoffnung auf jemandes Wohltätigkeit aufgegeben hat, der ist aus dessen Banden herausgetreten und dem demütigenden Dienstverhältnis zu ihm entronnen; dies aber ist der Charakter der Freiheit; – wer hingegen seine Hoffnung auf jemandes Wohltätigkeit gesetzt hat, der ist für immer in dessen Bande verwickelt und in demütigendes Dienstverhältnis zu ihm verstrickt; dies aber ist der Charakter der Sklaverei.

Verse: Hast du deine Hoffnungen von den Menschen abgezogen, so bist du freien Körpers und frohen Geistes; hast du aber Hoffnungen auf sie gestellt, so ist deine stolze Freiheit dahin und verloren.

57. Spruch.
Die Ahnung des Klugen ist Weissagung.

Arabische Erklärung: Oft trifft die Ahnung des Klugen das Richtige infolge seiner Verstandesschärfe, wie der Ausspruch des Wahrsagers infolge seiner Wahrsagekunst.

Persische Erklärung: Es ist gar oft der Fall, daß die Ahnung des Klugen eintrifft, so wie das oft auch mit dem Ausspruch des Sterndeuters geschieht.

Verse: Welchen Rat dir auch immer ein kluger Mann gegeben hat, suche keinen anderen Rat weiter; die Ahnung des Klugen trifft in einer jeden Sache das Richtige, wie der Ausspruch des Sterndeuters.

58. Spruch.
Wer da betrachtet, der nimmt auch zu Herzen.

Arabische Erklärung: Wer da betrachtet und sich unterrichtet, der läßt sich auch warnen und nimmt zu Herzen.

Persische Erklärung: Wer die Zustände und Dinge dieser und jener Welt betrachtet und wohl überlegt, der zieht gute Lehren daraus, flieht das was Schaden bringt, und hält sich an das was Nutzen schafft.

Verse: Wenn der Mensch die Dinge in der Welt betrachtet, so zieht er daraus den Gewinn, dadurch gewitzt zu werden: alles was nützlich ist, ergreift er, alles was schädlich ist, läßt er.

59. Spruch.
Feindschaft gibt vollauf zu tun.

Arabische Erklärung: Feindschaft gibt Beschäftigung vollauf, und hält dadurch den, der sie übt, von dem ab, was ihm hinsichtlich der Förderung seiner zeitlichen und ewigen Angelegenheiten zu tun am meisten gebührt und zukommt.

Persische Erklärung: Feindschaft ist eine nutzlose Anstrengung, die den Menschen von allen nützlichen Beschäftigungen abhält und ihn daran hindert.

Verse: Wer sich ein Geschäft daraus macht, seine Mitmenschen anzufeinden, der wird dadurch von allem Wohlsein geschieden; bald schlägt der Kummer seinem Herzen Wunden, bald legt das Ungemach seinen Körper in Fesseln.

60. Spruch.
Wenn dem Geist Gewalt geschieht, so erblindet er.

Arabische Erklärung: Wenn man den Geist zwingen will, in eine Wissenschaft einzudringen, so tritt bei ihm Ekel und Stumpfheit ein, während ihm Einsicht und Scharfblick verlorengehen, so daß er das, was er lernt, so gut als nicht lernt, das, was er begreift, so gut als nicht begreift.

Persische Erklärung: Wenn dem Geist in Bezug auf die Erlernung einer Sache Gewalt angetan wird, so erblindet er und begreift sie nicht; man muß daher dem Geist bei der Erwerbung von Kenntnissen den Zügel schießen lassen und ihm keine Last auflegen, die seine Kräfte übersteigt, damit er nicht ohnmächtig und schwindlig werde, nicht am Ende rat- und kenntnislos dastehe.

Verse: Führe nicht mit Gewalt den Geist zur Wissenschaft hin; denn diese Gewalttat setzt ihn in Flammen (d. h. empört ihn). Kein wenn auch noch so scharfer Verstand lernt mit Gewalt irgendeine Wissenschaft.

61. Spruch.
Artigkeit ist die äußere Erscheinung des Verstandes.

Arabische Erklärung: Die äußere Erscheinung des Verstandes sind untadelhafte Handlungen und wohlberechnete Reden, und ein nach den Regeln der guten Lebensart eingerichtetes und geordnetes Betragen.

Persische Erklärung: Wenn jemand Verstand hat, so zeigt sich dies dadurch, daß das, was er sagt, gewählt, und das, was er tut, anständig ist, daß er mit anderen durchaus artig umgeht (eigentl. sich mit Artigkeit setzt und mit Artigkeit aufsteht), und sich vor allem dem hütet, woraus Reue und üble Nachrede entspringt (eigentl. von den Tränkorten der Reue und den Lauerorten des Tadels).

Verse: Sei artig in allem was du tust; denn die Artigkeit ist die Mutter des guten Rufes. Verständig ist, wer Artigkeit beobachtet, unverständig, wer das Gegenteil tut.

62. Spruch.
Der Gierige ist schamlos.

Arabische Erklärung: Wen die Begierde unterjocht, dessen Auge wird glanzlos und dessen Gesicht schamlos.

Persische Erklärung: Wen die Begierde nach irgendeinem irdischen Gut und körperlichen Vergnügen ergreift, der schämt sich beim Streben danach vor keinem Menschen, und kehrt sich dabei an keinen Tadler.

Verse: Wen die Begierde nach etwas ergreift, der läßt sich durch kein Schamgefühl vom Streben danach abhalten; aus seinem Gemüt verschwindet die Scheu, aus seiner Seele das Zartgefühl.

63. Spruch.
Wessen Untere weich sind, dessen Obere sind hart.

Arabische Erklärung: Wem die Niederen nicht beistehen, den unterdrücken die Hohen.

Persische Erklärung: Wer schlaffe und schwache Untergebene und Diener hat, welche ihm bei Unfällen nicht Beistand und Hilfe leisten, den mißhandeln die ihm Überlegenen und Stärkeren, spielen ihm übel mit und unterdrücken ihn. – Man kann diesem Spruch aber auch noch einen anderen Sinn geben, nämlich folgenden: Wessen untere Hälfte immer bereit ist, Sündiges und Schändliches zu ertragen, dessen obere Hälfte, d. h. sein Gesicht und sein Auge, verhärtet, und beide werden glanz- und schamlos.

Verse: Wessen Gehilfen schwach sind, der unterliegt der Gewalt der Mächtigen; nie siegt irgend jemand ohne rüstige Gehilfen über seine Gegner.

64. Spruch.
Derjenige, der sich führen läßt wie ein liederliches Weib
(sich von anderen für deren Zwecke um Geld kaufen läßt),
ist schamlos, und seine Sprache ist anstößig.

Arabische Erklärung: Derjenige, der sich führen läßt wie ein liederliches Weib (korrupt ist), hat keine Scham in seinen Augen, und scheut sich nicht, Worte und Taten anderer zu beschmutzen, noch schämt er sich davor, daß er anstößiges oder liederliches spricht.

Persische Erklärung: Wer sich (korrupten) Männern unterwirft (um deren Zwecken zu dienen), dessen Schamgefühl stirbt, und seine Rede ist anstößig.

Verse. Wer sich (korrupten) Männern unterwirft (um ihnen zu dienen), dessen gute Sitten sterben, noch wird es jemals geschehen, daß von solchen höfliche Rede über andere geführt wird.

65. Spruch.

Wohl dem, der sich durch anderer Beispiel warnen läßt.

Arabische Erklärung: Wer sich durch anderer Beispiel warnen läßt, ist glücklich und bleibt fern von dem Ort, wo das Unheil wohnt.

Persische Erklärung: Glücklich ist der, welcher, wenn man einem anderen guten Rat gibt und ihn von unziemlichen Handlungen und unanständigen Reden abhält, sich denselben zunutze macht und sich mit solchen Handlungen und Reden nicht befaßt.

Verse: Glücklich ist der, dessen Verstand sich das, worin etwas Gutes enthalten ist, aneignet, der, wenn anderen guter Rat erteilt wird, diesen sich selbst zunutze macht.

66. Spruch.

Die Weisheit ist das verlorene Kamel des Gläubigen.

Arabische Erklärung: Der Gläubige sucht die Weisheit, wie ein verlorenes Kamel von seinem Herrn, ein schönes Mädchen von ihrem Freier gesucht wird.

Persische Erklärung: Der Gläubige sucht beständig die Weisheit, wie jemand der ein von seiner Herde verirrtes Tier sucht.

Verse: Wem etwas Wertvolles verloren geht, der richtet all sein Streben auf dessen Wiedererlangung: auf ebendieselbe Weise sucht der Geist des echten Gläubigen die Weisheit.

67. Spruch.

Die Bosheit vereinigt in sich die schlimmsten Fehler.

Arabische Erklärung: Die Bosheit (d. h. das Bestreben, anderen Böses zuzufügen, bei Zorn, Haß, Feindschaft, usw.) deckt die schimpflichen Neigungen des Gemüts auf, und vereinigt in sich die schlimmsten Fehler.

Persische Erklärung: Wer anderen Böses zufügt, dessen innere Schlechtigkeit wird offenbar, die Leute nehmen seine häßlichen Fehler war, und bekommen von den mannigfachen schlechten und schändenden Eigenschaften seines Gemütes Kunde.

Verse: Wenn du von guter Sinnesart bist, so gehe so wenig als möglich darauf aus, anderen Böses zuzufügen; denn dadurch werden deine Tugenden verdunkelt, deine Fehler ins Licht gestellt.

68. Spruch.

Immer ja sagen, ist Heuchelei, – immer nein, Haderei.

Arabische Erklärung: Anderen immer beistimmen führt zu Verstellung und Heuchelei, – ihnen immer entgegen sein, zu Feindschaft und Entzweiung.

Persische Erklärung: Wer in Worten und Werken jemandem immer beistimmt, und die Absichtlichkeit dabei übermäßig hervortreten läßt, gegen den schöpft man infolge dieser Handlungsweise den Verdacht, daß er sich verstelle und heuchle; wenn hingegen jemand einem anderen in Worten und Werken immer und mit ebensolcher Übertreibung entgegen ist, so führt dies zu Feindschaft und veranlaßt Entzweiung. Man muß daher in beiden Hinsichten die Mittelstraße gehen und das rechte Maß halten.

Verse: Geht nicht zu weit in der Bereitwilligkeit, anderen beizustimmen; denn daraus entsteht der Verdacht, daß ihr heuchelt; – haltet euch aber auch entfernt von beständigem Widerstreben; denn daraus geht immer zunehmende Feindschaft hervor.

69. Spruch.
Gar manche Hoffnung geht leer aus.

Arabische Erklärung: Gar manches Hoffenden Hoffnung ging leer aus, gar manches Arbeitenden Arbeit war vergebens.

Persische Erklärung: Gar mancher, der auf etwas hofft, erlangt es nicht und muß am Ende daran verzweifeln.

Verse: O du, der du deine Hoffnung auf etwas richtetest, gräme dich nicht, wenn du es nicht erlangst: gar manche Hoffnung schon blieb unerfüllt, gar manche Blüte schon blühte, und setzte keine Frucht an.

70. Spruch.
Gar manches Hoffen führt zum Nichterlangen.

Arabische Erklärung: Nicht jeder, der auf etwas hoffte, erfaßte es beim Stirnhaar und drang bis zum Ziel seiner Wünsche vor: gar manchem Hoffen folgt Nichterlangen, gar manche Vermehrung endigt mit Verminderung.

Persische Erklärung: Nicht jeder, der seine Hoffnung auf etwas richtete, erlangte es; denn manchem Hoffenden hält seine Hoffnung nicht Wort, und endlich bekommt er von dem, worauf er sie gerichtet hat, nichts.

Verse: Nicht jedem, welcher auf etwas hofft, gelingt dessen Erwerbung: gar manches Hoffen endigt mit leidiger Hoffnungslosigkeit und unseligem Leerausgehen.

71. Spruch.
Gar mancher Gewinn führt zu Verlust.

Arabische Erklärung: Gar mancher Gewinnende büßt das Gewonnene wieder ein, und steht zuletzt von allem Vorteil (eigentl. von den Hemden der Vorteile) entblößt da.

Persische Erklärung: Gar manchen Gewinn gibt es, der sich in Verlust verkehrt, durch den man Einbuße leidet und von seiten anderer Leute Verdruß und Nachteil hat.

Verse: Gar mancher Gewinnsuchende, der sich deswegen Gefahren aussetzte, geriet, als er endlich jenen Gewinn erlangte, eben dadurch in Schaden.

72. Spruch.
Gar mancher Wunsch lügt.

Arabische Erklärung: Gar mancher Wunsch ist wie ein trügerischer Blitz, der das, was er verheißt, nicht leistet, und von dem man keinen Regen hoffen darf.

Persische Erklärung: Gar mancher Wunsch steigt in dem Menschen auf, an gar manche Hoffnung hängt sich sein Herz; aber am Ende ist jener Wunsch trügerisch, diese Hoffnung erfolglos; weder aus jenem, noch aus dieser erwächst ihm irgendein Nutzen oder Gewinn.

Verse: Nicht an Wünsche darf man sein Herz hängen; denn Wünsche sind meistens trügerisch. Das gewaltige Feuer, welches sie entzünden, hat weniger Glanz als Asche.

73. Spruch.
Der Übermut treibt ins Verderben.

Arabische Erklärung: Der Übermut ist verwerflich, und das Weiden auf seiner Trift ungedeihlich; den, welchen er beherrscht, treibt er in Kummer und Not, nein! führt ihn in Untergang und Verderben.

Persische Erklärung: Wenn jemand in stolzem Übermut immer mehr begehrt und den Kreis der Besonnenheit und Mäßigung überschreitet, so treffen ihn auch die unseligen Folgen davon, und zwischen den Zähnen und Klauen des Unglücks geht er unter.

Verse: Der Übermut bringt Unheil, darum halte dich fern von ihm; der Übermut reißt das Leben mit der Wurzel aus, er führt den Menschen aus der Reihe des Bestehens hinweg, um ihn in die Hand des Vergehens zu liefern.

74. Spruch.
Jedem Schluck ist etwas beigemischt, was den Atem versetzt, jedem Bissen etwas, was die Kehle zuschnürt.

Arabische Erklärung: Das Gute in der Welt ist mit dem Schlimmen darin, das Nützliche mit dem Schädlichen vermischt; und so ist mit jeder Freude ein Leid, mit jedem Rausch ein wüster Kopf, mit jeder Lust eine Träne, mit jedem Gewinn ein Verlust, mit jedem Wohl- ein Übelbefinden, mit jeder Erhöhung eine Erniedrigung, mit jedem

Stelldichein eine Schwierigkeit, mit jeder Gottesgabe ein Ungemach verbunden.

Persische Erklärung: Auf der Welt ist keine Rose ohne Dornen, kein Rausch ohne Kopfweh, keine Freude, ohne Leid, kein Vergnügen ohne Schmerz.

Verse: Gutes und Böses, Gewinn und Verlust, Tugend und Laster, sind auf dieser Welt bunt gemischt. Niemand genoß noch irgendein Vergnügen ohne Schmerz, irgendeine Freude ohne Leid.

75. Spruch.
Wer zu sehr die Folgen bedenkt, kann nicht mutig sein.

Arabische Erklärung: Wer zu viel über den Ausgang seiner Handlungen und die Folgen seiner Unternehmungen nachdenkt, dessen Rüstigkeit schwindet, dessen Feuer erlöscht; daher wird er sich weder in Gefahren stürzen, noch Reiterscharen tummeln, weder den Gegenstand seiner Wünsche beim Stirnhaar erfassen, noch bis zum Ziel seiner Hoffnungen vordringen.

Persische Erklärung: Wer über den Ausgang seiner Handlungen zu viel nachdenkt, und über die Folgen seiner Unternehmungen zu lange grübelt, der kann nicht mutig sein, und wird den Gegenstand seiner Wünsche und seines Strebens nicht erlangen.

Verse: Wer über die Folgen zu viel nachdenkt, der ist furchtsam und mutlos; es werden ihm weder äußere Auszeichnungen zuteil, noch erlangt er einen seiner Herzenswünsche.

76. Spruch.

Wenn des Himmels Beschlüsse
eintreffen, gehen der Menschen Anschläge in die Irre.

Arabische Erklärung: Wenn die Ratschlüsse Gottes über den Menschen kommen, werden seine Anschläge verdreht und seine Entwürfe verkehrt, so daß er die Richtung nach seinem Glück und Heil nicht mehr kennt, und den Weg zu seiner Rettung und zum Gelingen seiner Pläne nicht mehr findet.

Persische Erklärung: Wenn der Ratschluß Gottes des Hocherhabenen sich einstellt, dann irren die Menschen vom Weg des Glücks ab, und lassen den Zügel der Klugheit, die das Rechte wählt, aus der Hand.

Verse: Wenn der Ratschluß Gottes des Hocherhabenen auf das Haupt eines Menschen herabkommt, dann gehen alle seine Anschläge in die Irre, alle seine Entwürfe werden vereitelt.

77. Spruch.

Wenn das Geschick kommt, wird die Vorsicht unnütz.

Arabische Erklärung: Wenn der Ratschluß Gottes auf den Menschen herabkommt, dann nützt ihm weder seine Vorsicht und sein Fliehen, noch sichern ihn seine Helfer und Schützer.

Persische Erklärung: Wenn der Ratschluß Gottes des Hocherhabenen herabkommt, so nützt es nichts, zu fliehen und sich vorzusehen, zu fürchten und zu zittern, und nichts von allem dem treibt jenen Ratschluß zurück.

Verse: Wenn der Ratschluß Gottes herabgekommen ist, so nimm deine Zuflucht zur Ergebenheit und Geduld; man kann ihn weder durch Vorsicht abwenden, noch ihm den Weg durch ein Heer versperren.

78. Spruch.

Wohltaten schneiden die Zunge ab.

Arabische Erklärung: Wer den Menschen wohltut, der erfüllt dadurch ihr Herz mit Liebe und Freundschaft gegen sich, und hält ihre Zunge ab, ihn zu schmähen und zu verspotten.

Persische Erklärung: Wenn der Mensch gegen einen anderen Handlungen der Wohltätigkeit und Milde übt, so hält er dadurch dessen Zunge ab, ihn zu verspotten und zu schmähen.

Verse: So oft du einem anderen Wohltaten erzeigtest, hast du mit deinem ausgegebenen Geld einen Menschen erkauft, hast ebensowohl sein Herz an die Zuneigung zu dir gefesselt, als seiner Zunge es unmöglich gemacht, dich zu verspotten.

79. Spruch.

Der wahre Adel beruht auf Kenntnissen
und Bildung, nicht auf Abstammung und Herkunft.

Arabische Erklärung: Der Adel des Menschen beruht auf seinen Kenntnissen, nicht auf seiner Abstammung, seine Würde auf seiner Bildung, nicht auf seiner Herkunft; rühme dich also wertvoller Kenntnisse, nicht verwesender Gebeine.

Persische Erklärung: Es geziemt dem Menschen, seinen Ruhm auf Verdienste, nicht auf seinen Vater zu gründen, seinen Adel in Bildung, nicht in Herkunft zu suchen, seine Würde in Kenntnissen, nicht in Abstammung zu finden.

Verse: Strebe nach Kenntnissen und Bildung; denn in der Tat besteht der Adel des Menschen nur darin. Ein Mensch ohne Kenntnisse und Bildung ist verächtlich, mag er auch von hoher Abstammung und Herkunft sein.

80. Spruch.
Der edelste Teil feiner Bildung ist Artigkeit.

Arabische Erklärung: Artigkeit ist der edelste Teil feiner Bildung und der stärkste Grund hohen Ansehens.

Persische Erklärung: Die Artigkeit ist wertvoller als alle übrigen Teile der Bildung; in ihr aber ist alles begriffen, was zum freundlichen und edlen Benehmen gegen andere gehört.

Verse: Der Unartige ist ohne Ursache beständig gegen alle Welt im Harnisch. Eigne dir Artigkeit an; denn in des Verständigen Augen ist Artigkeit der edelste Teil feiner Bildung.

81. Spruch.
Der höchste Adel ist vollendete Bildung.

Arabische Erklärung: Der höchste Adel des Menschen besteht in vollendeter Bildung, nicht in hohem Ansehen seines Vaters.

Persische Erklärung: Vollendete Bildung ist besser als hoher Geschlechtsadel.

Verse: O du, von beständigem Stolz auf hohes Herkommen und glänzenden Geschlechtsadel Verblendeter, strebe nach Bildung! denn in ihrer Vollendung besteht dein bester Adel.

82. Spruch.
Die größte Armut ist der Unverstand.

Arabische Erklärung: Der Allerärmste, ist der Unbesonnene und Unverständige.

Persische Erklärung: Die schlimmste von den verschiedenen Arten der Armut ist der Unverstand, weil man durch Unverstand nicht nur kein Vermögen erwirbt, sondern das erworbene noch dazu verliert, durch Verstand hingegen nicht nur Vermögen erwirbt, sondern auch das erworbene behauptet.

Verse: Bist du arm, aber nicht verstandlos, so sei wegen dieser Armut unbesorgt; ja danke Gott, wenn es so mit dir steht, denn es gibt keine schlimmere Armut als Verstandlosigkeit.

83. Spruch.
Nichts ist zurückscheuchender als Selbstsucht.

Arabische Erklärung: Wenn jemand selbstsüchtig ist, so fühlen sich andere von dem Umgang mit ihm zurückgescheucht, und fürchten, bei einem freundschaftlichen Verhältnis mit ihm nur Unerfreuliches zu erfahren; daher bleibt er in öder Einsamkeit ohne einen Freund der ihm Gesellschaft leistet, ohne einen Gefährten der vertraut mit ihm umgeht.

Persische Erklärung: Wenn jemand selbstsüchtig ist, so fliehen andere seine Gesellschaft und weichem dem Umgang mit ihm aus; daher bleibt er stets in Einsamkeit und Öde, ohne Gesellschafter und Vertrauten.

Verse: Wenn du der Selbstsucht ergeben bist, so entziehen dir andere ihre Liebe, und lassen dich dann in Drangsal und Öde, ohne Gesell-schafter und Vertrauten, allein stehen.

84. Spruch.
Der größte Reichtum ist der Verstand.

Arabische Erklärung: Der Verstand ist der größte Reichtum; durch ihn erlangt man alles was man wünscht.

Persische Erklärung: Wer Verstand hat, ist reicher als alle Begüterte; denn machst du von deinen Gütern Gebrauch, so nehmen sie ab und schwinden; machst du hingegen von deinem Verstand Gebrauch, so wächst er und nimmt jeden Tag durch Erfahrung zu.

Verse: O du, der du Reichtum erlangen willst, um auf diesem Weg zu hohem Ansehen zu gelangen: durch den Verstand erstrebe dieses Ansehen; denn es gibt keinen Reichtum gleich dem Verstand.

85. Spruch.
Der Habsüchtige liegt in den Banden der Verachtung.

Arabische Erklärung: Der Habsüchtige ist immerdar von Geringschätzung und Verachtung, von Verlust und Entbehrungen umringt.

Persische Erklärung: Wer habsüchtig ist, kommt nie aus einer Lage voll Demütigungen und Entbehrungen heraus.

Verse: Halte dich, so viel du kannst, von der Habsucht entfernt, wenn dir etwas von Verstand zuteil geworden ist; denn beständig ist der Habsüchtige an das Seil der Verachtung gebunden.

86. Spruch.

Verhütet das Entfliehen der Glücksgüter;
denn nicht jeder Flüchtling läßt sich zurückbringen.

Arabische Erklärung: Tut nichts was euren Wohlstand zum Entfliehen, euer Glück zum Entschwinden bringen könnte; denn nicht jeder Flüchtling läßt sich zu seinem Wohnort zurückbringen, nicht jeder Ausreißer zu seiner Heimat zurückführen.

Persische Erklärung: Nehmt euren Wohlstand in acht und tut nichts, was ihn zum Entfliehen bringen könnte; denn wenn der Wohlstand euch entflieht und dahinschwindet, so ist es eine schwierige Aufgabe, ihn noch einmal zurückzubringen.

Verse: O du, der du in Wohlstand lebst, bring es nicht durch schlechten Wandel dahin, daß dein Wohlstand dir entgeht; denn nicht alles was jemanden entgangen ist, läßt sich leicht zurückbringen.

87. Spruch.

Die meisten Niederlagen
erleidet die Vernunft unter den Blitzstrahlen der Begierde.

Arabische Erklärung: Wenn die Begierde mit Übermacht auf die Vernunft einstürmt, so streckt sie diese auf dem Kampfplatz nieder und stürzt sie auf der Walstatt zu Boden (oder: und stürzt sie in den Abgrund des Verderbens).

Persische Erklärung: Wenn die Begierde über den Menschen die Oberhand gewinnt, wird seine Vernunft übermannt und seine Besonnenheit überwältigt.

Verse: Die Quelle des Verderbens für die Vernunft des Menschen ist die Begierde; halte dich, so sehr du kannst, von ihr entfernt. Wenn die

Begierde die Oberhand gewinnt, kommt die Vernunft des Menschen zu Fall.

88. Spruch.

Wer sich von der Wahrheit schlagen läßt, wird glücklich.

Arabische Erklärung: Wer sich der Wahrheit zuwendet, wird glücklich; wer sich von ihr abwendet, geht unter.

Persische Erklärung: Wer sein Antlitz von der Wahrheit abwendet und sich von ihr abkehrt, geht rettungslos unter.

Verse: Wer in der Wahrheit beharrt, dem wird alles zuteil, was er für diese und jene Welt erstrebt; dagegen in den Abgrund des Verderbens stürzt, wer sich von dem Weg der Wahrheit abkehrt.

89. Spruch.

Wenn ihr in Dürftigkeit geratet,
so macht durch Almosen einen Handel mit Gott.

Arabische Erklärung: Das Almosen ist ein Mittel sein Vermögen zu vermehren und sich in eine glückliche Lage zu versetzen; wer durch Almosen einen Handel mit Gott macht, erlangt was ihm genügt und erhält was er wünscht.

Persische Erklärung: Das Almosen ist ein Mittel sein Vermögen zu vermehren und sich in eine glückliche Lage zu versetzen; wer Almosen gibt, bereichert sich und wird aus drückender Lage erlöst.

Verse: Stelle nichts an Wert dem Almosen gleich: es mehrt das Vermögen und die Ehre, es führt zu behaglicher Wohlhabenheit, es erlöst aus drückender Armut.

90. Spruch.
Wer von zu weichem Holz ist, dessen Äste werden abgestreift.

Arabische Erklärung: Wer zu gelinde ist, der macht sich bei seinen Dienern und den Pfleglingen seiner Güte verächtlich, so daß sie weder seinen Befehlen gehorchen, noch ihm Hochachtung erweisen.

Persische Erklärung: Wer zu gelinde ist, nicht zur rechten Zeit straft, und die Vorschriften der Sittenzucht vernachlässigt: dessen Untergebene werden widerspenstig, haben keine Ehrfurcht vor ihm, und richten sich nicht nach seinem Willen.

Verse: Wer gegen seine Untergebenen zu gelinde ist, hat stets Not mit ihnen: weder beugen sie ihm, wie es sich gebührt, den Nacken (d. h. weder lassen sie sich von ihm regieren), noch vollstrecken sie, wie es geschehen muß, seine Befehle.

91. Spruch.
Der Unverständige trägt das Herz im Mund.

Arabische Erklärung: Jedes Geheimnis, welches der Unverständige in seinem Herzen trägt, veröffentlicht er mit seiner Zunge und plaudert es seinen Freunden aus.

Persische Erklärung: Was auch immer der Unverständige im Herzen trägt, er plaudert es mit seiner Zunge aus und macht die Leute mit seinen Geheimnissen bekannt; nichts verbirgt, nichts verheimlicht er.

Verse: Wessen unzertrennlicher Begleiter der Unverstand ist, dessen Herz wohnt auf seiner Zunge. Was er immer im Herzen trägt, Gutes und Schlechtes, alles liegt auf ihrer Spitze.

92. Spruch.
Der Verständige trägt die Zunge im Herzen.

Arabische Erklärung: Jedes Geheimnis, welches der Verständige bei sich trägt, hält sein Herz verborgen und verdeckt, so wie seine Zunge es nicht ausschwatzt und nicht davon redet.

Persische Erklärung: Jeder Verständige bewahrt sein Geheimnis in seinem Herzen und läßt seine Zunge es niemanden sagen; ob er es veröffentlichen soll, darüber denkt er reiflich nach, und so lange er nicht durchaus überzeugt ist daß er daran wohltut, läßt er es nicht auf seine Zunge treten und macht es niemanden bekannt.

Verse: Wer einen vollkommen ausgebildeten Verstand hat, trägt seine Zunge im Herzen verborgen. Keines seiner Geheimnisse läßt er bekannt, keine seiner Reden zu eitlem Geschwätz werden.

93. Spruch.
Wer sich von Hoffnungen gängeln läßt,
der stürzt ins Verderben.
(Eigentl. Wer am Zügel seiner Hoffnung läuft,
der strauchelt, indem er an sein Lebensende stößt oder darüber fällt).

Arabische Erklärung: Wen die Gaukeleien der Hoffnung verblenden, den reißen die Seile des Verderbens dahin.

Persische Erklärung: Wer den Zügel seines Lebens in die Hand der Hoffnung legt und nach seines Herzens Gelüsten wandelt, der stürzt gar leicht ins Verderben.

Verse: Wenn jemand in allen Dingen, bloßen Gelüsten gehorsam, den Zügel in die Hand der Hoffnung legt: so kann es gar leicht geschehen, daß jene Hoffnung ihn unversehens in die Grube des Todes stürzt.

94. Spruch.

Wenn der Vorderzug der göttlichen Wohltaten bei euch eintrifft, so verscheucht nicht den Hinterzug derselben durch Undankbarkeit.

Arabische Erklärung: Wer für göttliche ihm schon zugekommene Wohltaten nicht dankbar ist, geht der weiter von ihm entfernten verlustig.

Persische Erklärung: Sind euch göttliche Wohltaten zugekommen, so seid gegen den Geber dankbar und preist ihn dafür, damit ihr nicht auf die noch entfernten und euch noch nicht zugekommenen Verzicht leisten müßt und ihrer verlustig geht.

Verse: Wenn du eine göttliche Wohltat erlangst, wäre sie auch so klein wie ein nur der Einbildungskraft vorstellbarer Punkt, so unterlaß nicht für dieses Erlangte dankbar zu sein; sonst gehst du des noch nicht Erlangten verlustig.

95. Spruch.

Bekommst du deinen Feind in deine Gewalt, so laß seine Begnadigung den Dank für die Verleihung dieser Gewalt sein.

Arabische Erklärung: Wer, wenn er verspricht, Wort hält, und, wenn er sich rächen könnte, Gnade übt, der hat (durch jenes) seine Schuld für die göttlichen Wohltaten entrichtet, und (durch dieses) den Dank für die ihm von Gott verliehene Gewalt abgetragen.

Persische Erklärung: Wenn du deinen Feind in deine Gewalt bekommen hast, so besteht der rechte Dank dafür darin, daß du ihn begnadigst und ihm vergibst.

Verse: Wenn du deinen Feind in deine Gewalt bekommen hast, so laß seine Begnadigung den Dank für die Erlangung dieser Gewalt sein. Übe

Erbarmen, übe Erbarmen! Denn alles was du in der Welt tust, bekommst du gerade in ebendemselben Maß wieder zurück.

96. Spruch.

Niemand verbarg je etwas in seinem Innern, das nicht in seinen unüberlegten Worten und Mienen hervorgetreten wäre.

Arabische Erklärung: Wenn jemand etwas in seinem Innern verbirgt, so leuchtet es aus allem was er spricht und tut, hervor.

Persische Erklärung: Wenn jemand etwas im Herzen trägt, so leuchtet der Einfluß davon aus allem was er spricht und tut, hervor.

Verse: Wenn jemand etwas in seinem Herzen verborgen hält, so suche es, um zu erfahren was es ist, bald in seinen Worten, bald in seinem Gesicht zu entdecken.

97. Spruch.

O Gott, vergib uns die sträflichen Augenwinke und die verwerflichen Worte, die Gelüste des Herzens und die Verirrungen der Zunge.

Arabische Erklärung: O Gott, vergib die Sünden, welche du in unseren Blicken und Worten gefunden, und decke die Fehler zu, welche du in unseren Herzen und Reden wahrgenommen hast.

Persische Erklärung: O Herr Gott, vergib uns die Sünden, welche durch unsere Blicke und Worte, durch unsere Herzen und Zungen begangen worden sind.

Verse: Nimm, o Gott, gnädig die Schuld der Sünden von uns, welche ich nennen werde: sträfliches Augenwinken, unziemliche Rede, ungezügeltes Gelüst und Vergehungen der Zunge.

98. Spruch.

Der Geizige macht sich übereilt selbst zum
Armen: in dieser Welt lebt er wie die Armen,
und in jener muß er Rechenschaft ablegen wie die Reichen.

Arabische Erklärung: Ohne in dürftigen Umständen zu sein und ohne an Vermögen Mangel zu leiden, ist der Geizige doch arm: in dieser Welt lebt er wie die Dürftigen, und in jener muß er Rechenschaft ablegen wie die Begüterten.

Persische Erklärung: Der Geizige zieht eilig die Armut zu sich heran, während er sein Geld und Gut bewacht: in dieser Welt lebt er wie ein Armer, ohne daß ihm aus seinem Vermögen ein Genuß, aus seinem Reichtum ein Vergnügen erwächst; und in jener Welt muß er sich, wie die Reichen, einer strengen Rechenschaft unterwerfen über das was er verborgen hat, sei es klein oder groß, und über das was er verwahrt hat, sei es viel oder wenig.

Verse: Der Geizige bahnt der Armut eilig den Weg zu sich: in dieser Welt ist sein Leben das eines Armen, und in jener seine Rechenschaft die eines Reichen.

99. Spruch.
Die Zunge des Verständigen liegt hinter seinem Herzen.
(Dem Sitz des Verstandes).

Arabische Erklärung: Die Zunge des Verständigen folgt seinem Herzen und gehorcht seinem Verstand; was er nicht zuvor in seinem Geist überlegt hat, das spricht er nicht mit seiner Zunge aus.

Persische Erklärung: Wenn der Verständige etwas sagen will, so stellt er erst im Herzen Überlegung an, und untersucht, ob es gut oder böse ist; dann erst (wenn er das erstere gefunden hat) spricht er es mit seiner Zunge aus. Also folgt seine Zunge seinem Herzen und gehorcht seinem Verstand.

Verse: Der Verständige läßt, wenn er spricht, seinen Verstand den Führer seiner Zunge sein; so lange er etwas, was er sagen will, nicht mit seinem Verstand überlegt hat, läßt er es nicht von seiner Zunge aussprechen.

100. Spruch.
Der Verstand des Toren liegt hinter seiner Zunge.

Arabische Erklärung: Der Verstand des Toren folgt seiner Zunge und wird von ihr am Zügel geführt; erst spricht er ein Wort aus, dann überlegt er es wie ein Bereuender.

Persische Erklärung: Der Tor spricht alles was ihm vorkommt, mit seiner Zunge aus; dann erst überlegt er, ob es gut oder böse war. Also ist sein Verstand der Nachtreter seiner Zunge und der Untertan seiner Schwatzhaftigkeit.

Verse: Der Tor macht, wenn er spricht, seinen Verstand zum Nachtreter seiner Zunge: alles was ihm vorkommt, sagt er heraus; dann erst läßt er seinen Verstand über das Gesagte nachdenken.

Ende der Schrift, das ist der Auslegung der einhundert Sprüche des Beherrschers der Gläubigen, Ali, des Sohnes Abu Talibs, dem Gott gnädig sei. Beendigt wurde sie in der Nacht auf den ersten Wochentag in der Mitte des Monates Safar des Jahres 559, welchem (Monat) Gott einen glücklichen Ausgang verleihen möge, und zum Titel dieser Auslegung wurde gemacht: *Die für jeden Wißbegierigen wissenswürdigsten Sprüche Alis, des Sohnes Abu Talibs.* – Gott der Hocherhabene möge um dieser hochzuschätzenden Sprüche und hochzuehrenden Weisheitsworte willen Sr. Majestät unseren Herrn und Herrensohn, unseren Kaiser und Kaisersohn, vor allen Arten von Schaden und Gefahren schützen, und so wie dieser Sprüche hundert sind, ihn hundert Jahre in Herrschergröße, Glück und Wohlergehen am Leben erhalten, und alle Könige der Welt und Gewalthaber der Menschen seinen Geboten unterwerfen und seinen Wünschen Folge leisten lassen, um des Herrn der Menschen (Muhammads) willen.

Ende.

Anhang I.

Zerstreute Perlen.

Alif.

1) Wie es mit jemandes Glauben steht, das erkennt man an seinen Schwüren.

2) Dein Bruder ist wer dir im Unglück beisteht.

3) Zeigen daß man zufrieden ist, gehört zum Dank.

4) Des Menschen Geistesbildung ist wertvoller als sein Gold.

5) Seine Schulden bezahlen ist Schuldigkeit (eigentl. Religionspflicht).

6) Züchtige deine Kinder: so schaffst du ihnen Nutzen.

7) Tue Gutes dem der dir Böses tut: so wirst du sein Herr.

8) Die Freunde heutzutage sind Fehlerspäher.

9) Ruhe findet die Seele, indem sie zu hoffen aufhört.

10) Ungemach verheimlichen ist Männlichkeit.

Ba.

11) Die Wohltaten der Eltern sind ein Vorschuß.

12) Nach geduldigem Ausharren versprich dir glückliches Gelingen.

13) Gesegneter Anwachs des Vermögens kommt von Entrichtung der Religionssteuer.

14) Gib diese Welt für jene hin: so gewinnst du.

15) Tränen, aus Gottesfurcht geweint, sind Augenkühlung (d. h. erleichtern und kräftigen das Gemüt).

16) Sei früh auf: so hast du Glück.

17) Des Menschen Bauch ist sein Feind.

18) Der Morgen des Sonnabends und Donnerstags ist eine Segensquelle.

19) Langes gesegnetes Leben kommt vom Guthandeln.

20) Des Menschen Not kommt von seiner Zunge.

21) Raube nicht deinen Wohltaten ihren Wert durch Vorrücken.

22) Ein freundliches Gesicht ist ein zweites Geschenk.

Ta.

23) Vertraue auf Gott: so hilft er dir aus.

24) Nicht sofort Böses zufügen ist Förderung des eigenen Wohls.

25) In den späteren Lebensjahren hole ein was du in den früheren versäumt hast.

26) Lässigkeit im Gebet kommt von Glaubensschwäche.

27) Glaube an dein Glück: so erlangst du es.

28) Die Freundschaft wird befestigt durch Hochachtung.

29) Werde gesetzt: so zieht Verwerfliches dich nicht mehr an.

30) Händegedränge über der Mahlzeit ist Segen Gottes (wie bei einer zahlreichen Familie).

31) Zeige dich adlig durch untadligen Wandel.

32) Demut ehrt den Mann.

Tha.

33) Dreierlei ist verderblich: Geiz, Gelüst und Selbstgefälligkeit.

34) Ein Drittel des Glaubens ist Scham, ein zweites Verstand, ein drittes Mildtätigkeit.

35) Der Tod der Gelehrten schlägt der Religion tiefe Wunden.

36) Den klaffenden Riß der Habsucht verstopft nur der Grabesstaub.

37) Das Gewand des Wohlbefindens trägt sich nie ab (d. h. das blühende Aussehen des Kräftigen und Gesunden widersteht dem Einfluß der Zeit, während die glänzendsten Kleider unscheinbar werden).

38) Verdopple deine Wohltaten durch die Bitte um Nachsicht (nämlich daß du nicht mehreres und besseres gibst).

39) Das Königtum besteht durch Gerechtigkeit.

40) Seligkeit in jener Welt ist besser als Wohlleben in dieser.

41) Die Seele wird erhalten durch Nahrung, der Geist durch Wohlhabenheit (d. h. zur Erhaltung des tierischen Lebens reicht Nahrung und Notdurft hin, zur Erhaltung des geistigen aber gehört eine reichere Güterfülle).

42) Lob, vom Empfänger dem Geber gespendet, ist eine Aufforderung mehr zu geben.

Djim.

43) Spende so viel du vermagst.

44) Viel Not hat, wer wenig hat.

45. Männerschönheit besteht in Geistesreife.

46) Ein schlechter Gesellschafter ist ein Satan (d. h. ein Verführer zum Bösen).

47) Der Irrtum waltet eine Stunde, die Wahrheit bis zur Stunde (d. h. bis zur Auferstehung, – immer).

48) Gut spricht wer kurz spricht.

49) Ein guter Gesellschafter ist ein Glücksfund.

50) Gehe mit Gelehrten um: so wirst du Gott immer mehr zu danken haben (d. h. durch den daraus gezogenen Nutzen immer mehr Ursache haben, dankbar gegen Gott zu sein).

51) Groß ist nur der da nicht stirbt (Gott).

Ha.

52) Des Menschen Besonnenheit ist seine Gehilfin.

53) Was der Putz für das Weib, ist die Geistesbildung für den Mann.

54) Sittsamkeit ist der Schleier des Mannes.

55) Pikante Speisen sind besser als pikante Worte.

56) Schmerz über Kinder brennt die Leber auf (d. h. greift gewaltsam das Innerste der Seele an).

57) Schönheit der Gestalt ist eine Glücksgabe.

58) Jähe Hitze richtet den Menschen zugrunde.

59) Ein Mensch ohne Herkunft ist unfähig Treue zu üben.

60) Des Menschen Gewerbe ist sein Schatz.

Cha.

61) Fürchte Gott: so hast du sonst niemand zu fürchten.

62) Widersteh der Seele: so findest du Ruhe.

63) Der ist deiner Freunde bester, der dich leitet zum Besten.

64) Schlechten Handel schließt wer die Religion für die Welt verkauft (d. h. Glauben und Tugend irdischen Vorteilen und Genüssen aufopfert).

65) Am Freund eines Menschen erkennt man seinen Verstand.

66) Gottesfurcht macht die Herzen blank (d. h. reinigt sie vom Rost des Lasters).

67) Ein sorgenleeres Gemüt ist besser als ein goldgefüllter Beutel.

68) Aufrichtige Liebe gehört zu wahrer Treue.

69) Die beste Frau ist eine zärtliche und fruchtbare.

70) Der segensreichste Teil des Vermögens ist der, welcher auf Gottes Wegen (d. h. zu religiösen Zwecken) verwendet wird.

Dal.

71) Die wahre Herzensarznei ist Ergebenheit in Gottes Ratschluß.

72) Das wahre Seelensiechtum besteht in Unersättlichkeit.

73) Des Menschen Verstand erkennt man an dem was er spricht, seine Herkunft an dem was er tut.

74) Wer seine Freunde um sich sieht, ist stets vergnügt.

75) Wo die Lumpen aufkommen, da verkümmern die Ehrenmänner.

76) Das Goldstück des Geizigen ist (nicht besser als) ein Stein.

77) Wie es mit jemandes Religiosität steht, das drückt sich in seinen Reden aus.

78) Die Macht der Könige beruht auf Gerechtigkeit.

79) Sei sanft gegen den, der rauh gegen dich ist, um ihn zu beschämen.

80) Bezähme stets deinen Zorn: so erntest da am Ende Lob ein.

Dhal.

81) Etwas tadeln raubt die Zeit zu besserem.

82) Den übermütigen Frevler laß bei seinem Übermut (d. h. bemühe dich nicht vergeblich, ihn davon abzubringen).

83) Eine schlechte Handlung ist viel, tausend gute sind wenig.

84) Der Heiligen gedenken zieht Gottes Gnade vom Himmel herab.

85) Der Könige Leckerbissen verbrennen die Lippen.

86) Habsucht würdigt den Menschen herab.

87) Der vom Kummer Gebeugte ist hoch angesehen bei Gott.

88) Gewandtheit der Zunge ist das sicherste Kapital.

89) Erinnerung an den Tod macht die Herzen blank (d. h. reinigt sie vom Rost des Lasters).

90) Erinnerung an das Jünglingsalter preßt Seufzer aus.

Ra.

91) Des Freundes Anblick erheitert das Auge.

92) Behandle deinen Vater mit Achtung: so wird dein Sohn dir dasselbe tun.

93) Ruhiger Lebensgenuß beruht auf Sicherheit.

94) Wissen und danach handeln, das steht am höchsten.

95) Was dir Gutes beschieden ist, das sucht dich auf; darum bleibe du ruhig.

96) Der Vorbote des Todes ist die Geburt.

97) Des Propheten Aussprüche fortpflanzen heißt eine Art von Verwandtschaft mit ihm bilden.

98) Die sinnlichen Schwächen der Seele sind das, was ihr die meiste Not macht.

99) Auch im Sturm der Seele achte das Recht.

100) Am Genossen eines Menschen erkennt man seinen Verstand.

Zay.

101) Wäge die Menschen mit ihrer Waage (d. h. beurteile einen jeden nach dem Maßstab, den er selbst bei der Beurteilung anderer anlegt).

102) Die Bedrängnis der Guten ist Gnade von Gott.

103) Auch der Verständige strauchelt oft.

104) Das Sinken der Wissenschaft ist ein kleineres Übel als der Tod ihrer Meister.

105) Besuche einen jeden, je nachdem er dir Ehre erweist.

106) Das Streben nach höherer Tugend führt den Laien auf Irrwege (eigentl. Die Askese des Laien ist ein Feld des Irregehens).

107) Besuche, dem Freund abgestattet, sind die Würze der Freundschaft.

108) Die Winkel dieser Welt stecken voll Elend.

109) Geringe besuchen gehört zur Demut.

110) Der Schmuck des Inneren ist besser als der des Äußeren.

Sin.

111) Mißtrauen gehört zur Vorsicht.

112) Freude, aus der Welt geschöpft, ist Selbstbetrug.

113) Unartigkeit scheucht unvermeidlich die Menschen zurück.

114) Des Menschen Wandel gibt Kunde von seiner Gesinnung.

115) Des Menschen Sicherheit beruht auf Bewachung seiner Zunge.

116) Schweigen gewährt Sicherheit.

117) Des Menschen Sicherheit beruht auf Bezähmung seiner Zunge.

118) Die Häupter der Gemeinde (der Gläubigen) sind die Gesetzes-gelehrten.

119) Wenn Freunde sich berauschen, werden sie unartig gegeneinander.

120) Klagen ist die Waffe der Schwachen.

121) Die wahre Selbsterhöhung liegt in der Demut.

Schin.

122) Die Schande der Gelehrsamkeit ist die Windmacherei.

123) Das schlechteste Geschäft ist das, wodurch man anderen die wenigste Freude macht.

124) Schreite rüstig einher auf dem Weg zum Paradies.

125) Der Geiz des Reichen ist Selbstpeinigung.

126) Ein Körnchen Kenntnis ist besser als vieles Tun.

127) Dein graues Haar ist dein Todesbote.

128) Die wahre Seelenarznei ist Koranlesen.

129) Ein reicher Geizhals ist ärmer als ein freigebiger Armer.

130) Entfernung des Zwanges ist Bedingung der Vertraulichkeit.

131) Der schlimmste Mensch ist der, vor welchem die anderen sich in acht nehmen.

Sad.

132) Wahrhaftigkeit bringt dem Heil, der sie übt.

133) Fasten hält den Leib gesund.

134) Beharrlichkeit sichert redliches Gelingen.

135) Das Gebet in der Nacht ist ein Schmuck am Tag.

136) Leibliches Wohlbefinden beruht auf Schweigen.

137) Des Menschen Wohlergehen beruht auf Bewahrung seiner Zunge.

138) Halte dich zu den Guten: so hast du die Bösen nicht zu fürchten.

139) Schweigen ist der Deckmantel der Unwissenheit.

140) Erfülle die Pflichten der Blutsverwandtschaft, so werden deiner Anhänger viele sein.

141) Die Religiosität gedeiht durch Beherrschung, geht unter durch Entzügelung der Begierden.

Dad.

142) Irre geht das Streben dessen, der seine Hoffnung auf etwas außer Gott setzt.

143) Gott hat die Sorge für eines jeden Lebensunterhalt übernommen.

144) Die Schläge des Freundes schmerzen mehr als andere.

145) Der Geist wird dadurch erhellt, daß man nur Erlaubtes ißt.

146) Zungenschläge sind schmerzlicher als Lanzenstiche.

147) Irre geht wer sich auf die Bösen stützt.

148) Irre geht wer die Religion für die Welt verkauft.

149) Ein gepreßtes Herz ist schlimmer als eine gepreßte Hand (d. h. In Furcht und Sorgen leben ist schlimmer als arm und unvermögend sein).

150) Wenig Mut hat wer wenig vermag (der Schwache ist kleinmütig).

151) Zweien die sich hassen ist die Welt zu eng.

Ta.

152) Gute Tage hat, wer auf Gott vertraut.

153) Wohl dem, welchem der Himmel Gesundheit verlieh!

154) Langes Leben mit Gehorsam gegen Gott verbunden ist eines von den Ehrengewändern (d. h. eine von den Auszeichnungen) der Propheten.

155) Lange lebt wer wenig Not hat.

156) Streben nach Bildung ist besser als Streben nach Gold.

157) Fliege, auch mit gehemmten Schwingen (eigentl. ungeachtet der Verwicklung; d. h. geh frisch ans Werk, trotz allen Schwierigkeiten).

158) Dem geht der Kummer nie aus, dem die Hoffnung ausging.

159) Feindes Willen tun ist Verderben.

160) Gottes Willen tun ist Glück.

161) Wohl dem, der keine Angehörigen hat (d.h. dem keine Angehörigen Sorge, Kummer und Schande machen können).

Za.

162) Ungerechtigkeit stürzt den, der sie übt.

163) Die Ungerechtigkeit der Könige ist besser als der Übermut ihrer Untertanen.

164) Der Klageruf des Unterdrückten ist nicht vergebens.

165) Ungerechtigkeit führt den, der sie übt, ins Verderben.

166) Durst nach Geld und Gut ist ärger als Durst nach Wasser.

167) Des Königs Schatten ist wie Gottes Schatten (d. h. der König soll die Seinigen schützen, wie Gott die Menschen im allgemeinen schützt).

168) Der finstere Schatten der Ungerechtigkeit verdunkelt den Glauben (d. h. Ungerechtigkeit schmälert den Wert des Glaubens).

169) Weit hin streckt sich der Schatten des Edelmütigen (d. h. sein Schutz und seine Wohltätigkeit erstreckt sich auf viele).

170) Der Schatten des Krummen ist krumm (d. h. Was vom Schlechten kommt ist wieder schlecht)

Ain.

171) Lebe zufrieden: so bist du ein König.

172) Schlecht spricht, wer lang spricht.

173) Der Ungerechte nimmt ein schlechtes Ende.

171) Hoher Sinn ist Glaubenspflicht (oder kommt vom wahren Glauben).

175) Ein verständiger Feind ist besser als ein unverständiger Freund.

176) Unglück ist des Glückes Vorläufer.

177) Statt Auszüge aus Büchern zu machen, merke lieber das Gelesene.

178) Die Strafe des Ungerechten ist schneller Tod.

179) Auf jede Nacht folgt ein Tag.

Ghain.

180) Der hat schon viel gewonnen, den kein Schade traf.

181) Hoch im Preis stehen die Gottvertrauenden.

182) Lieber sich in den Tod stürzen, als mit jemand umgehen, zu dem man keine Liebe fühlt.

183) Ein verständiger Knabe ist besser als ein unverständiger Greis.

184) Wer nicht da ist, der bekommt auch nichts.

185) Hoch im Preis stehen die Gottesfürchtigen.

186) Der hintergeht dich, der dich zum Übeltun verleitet.

187) Der berückt dich, der dich durch Unwahrheiten zum Unwillen reizt.

188) Sich zürnend vom Recht abwenden ist häßlich.

189) Des Gläubigen größter Gewinn ist, die Weisheit zu finden.

190) Heil dem, der Religiosität errungen hat.

191) Stolz auf Verdienste ist besser als Stolz auf Herkunft.

192) Das Mittel, deinen Gegner zu besiegen, ist Langmut.

193) Des Menschen Handlungsweise verrät seine Herkunft.

194) Die Zweige geben Kunde von der Wurzel.

195) Heil dem, der keinen Schaden durch die Bosheit seiner Seele (d. h. durch die auf Zerstörung seines wahren Glücks gerichtete Tätigkeit seiner sinnlichen Seele) litt.

196) Durch Wahrhaftigkeit zerbricht man seine Fesseln.

197) Jedes Herz hat seinen Teil von Sorgen.

198) Vergeudet ist die Wohltat, die man einem dafür Undankbaren erzeigte.

Qaf.

199) Des Menschen Rede gibt Kunde von dem, was in seinem Herzen ist.

200) Die Wahrheit anzunehmen ist Religionspflicht.

201) Herzensstärke gehört zum wahren Glauben (oder: kommt vom wahren Glauben).

202) Den Gierigen tötet seine eigene Gier.

203) Handle nach Maß und Regel: so bleibst du vor Fehltritten bewahrt.

204) Am Genossen eines Menschen erkennt man, wie es mit seiner Religiosität steht.

205) Die Nähe der Bösen ist verderblich.

206) Herzenshärte kommt von Übersättigung.

207) Worauf des Menschen Sinn gerichtet ist, das bestimmt seinen Wert.

Kaf.

208) Gottes Wort ist die wahre Seelenarznei.

209) Ein freigebiger Ungläubiger kann eher hoffen in das Paradies zu kommen, als ein geiziger Muslim.

210) Undankbarkeit für Gottes Gaben ist der Grund ihrer Zurücknahme.

211) Graues Haar ist Siechtum genug (nämlich auch ohne hinzukommende Altersschwäche und Krankheiten).

212) Der Neidische hat an seinem Neid (Pein) genug.

213) In Geistesreife liegt des Wissens Vollendung.

214) Von den Mängeln der irdischen Güter brauchst du nur den zu kennen, daß sie vergänglich sind (d. h. das schon reicht hin, dich vor allzugroßer Anhänglichkeit an sie zu bewahren).

215) Dich ernstzustimmen, bedarf es nur des Bewußtseins deiner Sterblichkeit.

216) Die edelste Freigebigkeit ist die, wenn man, ihrer ungeachtet, noch um Nachsicht bittet (nämlich daß man nicht mehreres und besseres gibt).

217) Keines anderen Todesboten bedarf es, als des grauen Haares.

Lam.

218) Milde Rede fesselt die Herzen.

219) Sprich mild: so liebt man dich.

220) Das Greisenalter gehört nicht mehr zum Leben.

221) Der Neidische findet weder Ruhe noch Rast.

222) Die Herrschaft des Wissens ist unvergänglich.

223) Schlaffheit gebiert keinen Ruhm.

224) Jede Feindschaft hat irgendeinen Nutzen, nur die Feindschaft des Neidischen nicht.

225) Sähe der Mensch die Lebensfrist und ihr Verrinnen: hassen würde er dann die Hoffnung und ihre Täuschungen.

Mim.

226) Wer auf Hohes sinnt, hat Sorgen ohne Ende.

227) Wer viel spricht, wird viel getadelt.

228) Bei süßem Wasser gibt's viel Gedränge.

229) Eine Gesellschaft von Gelehrten gleicht der Blumenaue des Paradieses.

230) Des Menschen Hitze stürzt ihn ins Verderben.

231) Umgang mit Bösen ist Fahrt auf dem Meer.

232) Geschwiegen zu haben, hat noch niemand bereut.

233) Die Gesellschaften der Edlen sind die Festen der Rede (d. h. das in ihnen Gesprochene bleibt wohlverwahrt, wird nicht ausgeplaudert).

234) Das Hauptverdienst eines Menschen ruht unter seiner Zunge.

235) Umgang mit jungen Leuten ist das Grab der Religiosität.

Nun.

236) Das Licht des Gläubigen ist das Aufstehen bei Nacht (zum Gebet).

237) Vergessenheit des Todes ist Rost des Herzens.

238) Erleuchte dein Herz (– nach anderer Lesart: dein Grab –) durch das Beten im Nachtdunkel.

239) Dein eigener Tod wird dir angekündigt, wenn dein Haar sich grau färbt.

240) Schlaf ohne Furcht: so liegst du im weichsten Bett.

241) Aller Wünsche Erfüllung liegt im Genughaben (d. h. Wer zur Genüge hat, der hat nichts mehr zu wünschen).

242) Das Schmerzensfeuer der Trennung ist dem der Hölle entnommen.

243) Verdunkle nicht den Glanz deiner weißen Haare durch Ungehorsam gegen Gott.

244) Gottesfurcht verklärt des Gläubigen Angesicht.

245) Wahrhaftigkeit verklärt das Angesicht.

Waw.

246) Wohltaten am unrechten Ort anlegen (d. h. Unwürdigen erweisen) ist Ungerechtigkeit (nämlich gegen die derselben Würdigen).

247) Wer sein Almosen dem Armen vorrückt, der verdient durch dasselbe mehr Strafe als Lohn.

248) Die Freundschaft des Albernen vergeht schnell.

249) Wehe dem, dessen Inneres böse und dessen Äußeres häßlich ist.

250) Einsamkeit ist besser als ein schlechter Gesellschafter.

251) Der fördert dich, der dich vernachlässigt (indem er dich dadurch zur Übung der eigenen Kraft nötigt).

252) Dein Freund ist, wer nicht dein Feind ist.

253) Weh über den Neidischen durch seinen eigenen Neid!

254) Der Vormund eines Kindes ist Gottes Kostgänger.

255) Weh dem, der Ehrenmänner erbittert!

Ha.

256) Die Sorgen des Menschen richten sich nach seinen Bestrebungen.

257) Hüte dich vor Feindes Freundesrat!

258) Die Sorge des zur Seligkeit Auserwählten ist auf die Ewigkeit, die des zur Verdammnis Bestimmten auf die Welt gerichtet.

259) Die Vipern des Menschen sind seine hochstrebenden Pläne (d. h. sie gefährden sein Glück und Leben).

260) Einer brockte zur Suppe ein, ein anderer aß sie.

261) Der Gierige ist verloren ehe er es merkt.

262) Laß sehen wer bei dir ist: so erfährt man was an dir ist.

263) Selbstgefälligkeit ist des Menschen Verderben.

264) Heilsamer ist es, vor deiner eigenen Seele (d. h. vor deinen Affekten und Leidenschaften), als vor einem Löwen zu fliehen.

Lam-Alif.

265) Ein Mensch ohne Humanität ist auch ohne Religiosität.

266) Keine Armut für den Tätigen.

267) Keine Ehre für den Lügner.

268) Keine Ruhe für den Neidischen.

269) Kein Kummer für den Genügsamen.

270) Der ist ohne Glauben, der ohne Treu und Glauben ist.

271) Kein Reichtum für den Verdienstlosen.

272) Keine Treue beim Weib.

Ya.

273) Was dir (durch Gottes Ratschluß) bestimmt ist, das wird dir zuteil.

274) Der Ohrenbläser stiftet in einer Stunde Unfrieden für mehrere Monate.

275) Almosengeben verlängert das Leben.

276) Die Güter, welche Gott dir beschieden hat, suchen dich, so wie du sie.

277) Der Fürchtende hört zu fürchten auf, wenn er zu dem gelangt, was er gefürchtet hat.

278) Was der Beharrliche treibt, das gelingt ihm nach Wunsch.

278) Durch Wahrhaftigkeit gelangt man zu den Ehrenstufen der Großen.

280) Seiner Stammverwandten Herr wird man dadurch, daß man ihnen wohltut.

281) Man wird selig durch steten Umgang mit den Seligen (d. h. zur Seligkeit Bestimmten).

282) Nichts mehr hoffen heißt Seelenruhe finden.

Zu Ende sind nun mit Gottes Hilfe die *zerstreuten Perlen*.
Preis sei Gott, und Segen von ihm
über unseren Herrn Muhammad und sein ganzes Haus,
Amin.

1) Das ist die rechte Wohltätigkeit, dem wohlzutun, der dir wehgetan hat.

2) Die Gelegenheit geht vorüber wie eine Wolke.

3) Erst den Nachbar, und dann das Haus.

4) Erst den Gefährten, und dann die Reise.

5) Erst den Führer, und dann den Weg.

4) Hohes Streben beflügelt den Geist.

7) Gottes Auge blickt stets auf uns.

8) Verbindung mit anderen und Not mit ihnen sind Zwillingsschwestern.

9) Rede in Bildern ist die Brücke zum Begriff an sich.

10) Wer seinem Bruder eine Grube gräbt, fällt selbst hinein.

11) Kommt das Verhängnis, so ist die Vorsicht unnütz.

12) Kommt das Verhängnis, so erblindet das Auge.

13) Kommt das Geschick, so wird das weite Feld zu eng.

14) Behaglichkeit findet man nicht auf Reisen, sondern zuhause.

15) Der Mensch denkt, Gott lenkt.

16) Das Verständnis der Dinge ist das Strahlenlicht des Geistes (d. h. Die Blicke des Geistes, durch welche er sich das Verständnis der Dinge eröffnet, sind gleichsam die Strahlen, durch welche er alles um sich erhellt).

17) Der Erfolg der Dinge hängt von der Zeit ab, in der man sie unternimmt (oder allgemeiner: Alle Dinge sind durch die Zeit bedingt, welcher sie angehören).

18) Die Nahrung eines Menschen reicht für zwei hin.

19) Die Wahrheit ist bitter.

20) Der Blick (eines schönen, oder zauberischen, oder neidischen Auges) ist einer von des Teufels Pfeilen.

21) Die Wahrheit ist heller als die Sonne und gewisser als der gestrige Tag.

22) Die Wissenschaft ist ein Wild, die Schrift eine Fessel dazu (oder: das bloße Lernen gleicht dem Einfangen, das Niederschreiben dem Fesseln eines Tieres).

23) Wer nur seinem Kopf folgt, wird es bereuen.

24) Schämst du dich nicht, so tue was du willst.

25) Das Schmerzensfeuer der Trennung ist heißer als das der Hölle.

26) Wer zu etwas Guten Anleitung gibt, verdient denselben Lohn wie der welcher es tut.

27) Manneshochsinn reißt Berge aus.

28) Des Menschen Rettungsmittel in Todesgefahr ist Tollkühnheit.

29) Ein Fremder bei einem Freundesmahl ist wie das N in der Annexion (d. h. überflüssig und am unrechten Ort).

Schlußvers.

So wie das *N* der Mehrheitszahl
Bei engerem Verbinden,
So möge Sorge, Angst und Qual
Von euch auf immer schwinden.

Ende.

Über den Autor.

Raschid-ad-Din Watwat wurde im Jahre 1247 in Hamadan, Iran geboren. Ursprünglich aus einer jüdischen Händlerfamilie stammend, konvertierte er im Jahre 1277 zum Islam. Er begab sich an den Hof des Ilchan von Täbris im heutigen Nordiran. Dort angekommen arbeitete er sich bis zum Rang des Wesirs nach oben. Er verfaßte mehrere bedeutende historische Schriften und schließlich auch seine Sammlung der *Einhundert Sprüche Alis*. Raschid-ad-Din Watwat wurde im Jahre 1316, sehr wahrscheinlich aus machtpolitischen Gründen, des Mordes angeklagt. Er wurde zusammen mit seinem Sohn am 4. November 1318 in Täbris hingerichtet.

Zu dieser Ausgabe.

Dem Text dieses Buches folgt der Ausgabe:
Al's hundert Sprüche arabisch und persisch paraphrasiertvon Reschiddeddin Watwat...
Übers. von M. Heinrich Leberecht Fleischer, Leipzig 1837.
Der Text wurde in die traditionelle deutsche Rechtschreibung übertragen, und zum
besseren Verständnis für den heutigen Leser sprachlich bearbeitet.
Zur Originalvorlage gehörige, jedoch überflüssig erscheinende Fußnoten bzw.
Anmerkungen wurden entfernt, andere hinzugefügt.